El poder y la vida

Economía y derecho para
una Iglesia de mujeres y hombres

Donata Horak
Valentina Rotondi
Linda Pocher

El poder y la vida

Economía y derecho para
una Iglesia de mujeres y hombres

Paulinas

Las citas bíblicas están tomadas de La Santa Biblia de la editorial San Pablo, bajo la dirección de Evaristo Martín Nieto.

© San Pablo 2025

Los textos citados del magisterio de la Iglesia y los documentos pontificales están tomados de:

© Libreria Editrice Vaticana - Dicastero per la Comunicazione, Ciudad del Vaticano

© Figlie di San Paolo, 2024, Milán

Título original: *Il potere e la vita. Economia e diritto per una Chiesa di donne e uomini.*

Traducido por: María Jesús García González.

Imagen de cubierta: Steve Johnson.
Diseño de cubierta y maquetación: Alba Cosío Velasco.

© PAULINAS 2025
Carril del Conde, 62 - 28043 Madrid
Tel.: 91 721 89 84 - Fax: 91 759 02 04
E-mail: editorial@paulinas.es
www.paulinas.es

PAOLINE Editoriale Libri
© FIGLIE DI SAN PAOLO, 2024

ISBN: 978-84-19408-53-2
Depósito Legal: M-7938-2025

Impreso por Gar.Vi. 28970 Humanes (Madrid)
Printed in Spain. Impreso en España

Prefacio

Papa Francisco

Al final de la serie de encuentros que el Consejo de cardenales dedicó a la escucha de las mujeres y a la reflexión sobre su presencia en la Iglesia, sigo estando convencido de que el machismo es una realidad contraria al Evangelio. Aunque nos quede mucho camino por recorrer –y los pasos que hay que dar en las distintas comunidades locales puedan ser muy distintos– creo que hemos tomado la dirección correcta, que es la de la escucha y la valoración mutua.

En el breve relato *La lotería de Babilonia,* Borges presenta un sistema social caótico y arbitrario donde el destino de cada persona es decidido por un ente impersonal y caprichoso. Este sistema elimina del corazón de los seres humanos la consciencia de su propia dignidad y el conocimiento respecto a la justicia, y las sustituye por la inseguridad y el miedo. La sociedad de Babilonia es un lugar donde las diferencias no se valoran, sino que se someten a la aleatoriedad de un sorteo que puede decretar incluso la muerte de un individuo sin motivo alguno. Como todo poder totalitario en la historia, también el poder de la lotería de Babilonia se sustenta en la prepotencia de una forma de pensar única, que es arbitraria porque es unilateral.

En los relatos de Babel (Gen 11,1-9) y de pentecostés (He 2,1-13) la Escritura nos coloca ante la necesidad de que el pueblo de Dios no solo acepte la diversidad, sino que además la celebre como un don divino. La confusión de lenguas en Babel puede parecer al principio una fuente de división, pero en realidad se trata de una estrategia que ha puesto en práctica Dios para que los seres humanos aprendan a reconocer la belleza de la diversidad. En pentecostés el Espíritu Santo transforma esta diversidad lingüística en un lugar privilegiado de evangelización, permitiendo que cada cual escuche y comprenda el mensaje de Dios en su propia lengua.

Mientras la lotería de Babilonia genera caos y desorden, pentecostés aporta orden y comprensión por medio de la diversidad. En la Iglesia el pluralismo no es un obstáculo, sino un camino para el enriquecimiento espiritual y el crecimiento comunitario. En Borges, la aleatoriedad de la lotería mina la cohesión social y crea un ambiente de imprevisibilidad y de inestabilidad. En la Iglesia, al contrario, la diversidad de género, de lengua y de cultura, valorada y armonizada por el Espíritu, puede ponerse al servicio del desarrollo de comunidades sólidas e inclusivas.

Durante muchos siglos –al menos a partir del Concilio de Trento– el clero ha sido educado para asumir de manera particular y totalizadora la responsabilidad sobre los creyentes, considerados incapaces de discernir y de tomar decisiones respecto a los temas vinculados a la fe y a la vida eclesial. El aislamiento respecto al mundo femenino en particular ha supuesto, para muchos sacerdotes y religiosos, una especie de embrutecimiento: una atrofia de la concienciación y de la atención concreta al prójimo que alimenta la vida cotidiana y la hace digna de ser vivida.

Personalmente no creo que haya cosas que solo puedan hacer los hombres y cosas que solo puedan hacer las mujeres. Pero al mismo tiempo no me gustaría que el valor de las personas se hiciera depender exclusivamente de las funciones que pueden desempeñar. Por ello considero importante, en esta etapa del proceso sinodal, seguir adelante con determinación y al mismo tiempo con una cierta prudencia.

Porque lo que más cuenta es actuar de manera que dentro del cuerpo eclesial cada cual pueda encontrar el espacio adecuado para expresar su opinión, su perspectiva y su sensibilidad y concienciación, con el fin de que juntos podamos construir progresivamente esa convergencia hacia el bien que no borre las diferencias y que es el resultado claro de la acción de Dios en nosotros.

Este volumen, el último de la serie destinada a recoger los textos dedicados durante este año a la reflexión del C9, puede ser un instrumento ideal para fomentar el diálogo entre instituciones comprometidas con la formación de los creyentes y en las comunidades locales, que anime a afrontar sin temor esas situaciones conflictivas que cuestiones como esta puedan suscitar. Son situaciones incómodas, sin duda, pero que nos hacen crecer mucho. Ya lo hemos vivido, en nuestros encuentros, gracias al acompañamiento de la hermana Linda Pocher y de profesionales, hombres y mujeres, que han colaborado en la realización de este itinerario. A cada uno de ellos mi más sincera gratitud y mi ánimo a perseverar en la misión de investigación y enseñanza que les ha sido confiada y que la Iglesia verdaderamente tanto necesita.

Ciudad del Vaticano, 29 de junio de 2024

Introducción

Linda Pocher FMA

Cuarto y último de la serie, este volumen recoge las ponencias ofrecidas al Papa y al C9 durante el encuentro del 17 de junio de 2024. El objetivo de la sesión consistía en ponerse a la escucha del aporte de la economía y del derecho a la reflexión sobre la presencia y el papel de las mujeres en la Iglesia. Integrar en el discernimiento sinodal la perspectiva de estas disciplinas, prestando atención a la vida real, es fundamental para llegar a tocar la realidad de las mujeres y de los hombres en su situación concreta. En su máxima expresión, ambas disciplinas tienen en común el esfuerzo por evitar los abusos de poder y permitir la plena prosperidad de todos: las mujeres, los hombres, la creación entera en su complejidad e interconexión. Por ello ambas disciplinas pueden ayudar a la Iglesia a afrontar la cuestión del poder y sus contradicciones.

Al discurso sobre el poder en la Iglesia puede aplicarse fácilmente la categoría de «prohibido» que presentó Michel Foucault en su lección inaugural en el Collège de France en 1970, que fue publicada en italiano en un breve libro titulado *L'ordine del discurso*[1]. Toda sociedad, toda cultura, conoce y pone en práctica –consciente o inconscientemente– mecanismos de control para los discursos que tienen la función de mantener el orden social y evitar los peligros que lo amenazan. Lo «prohibido» es aquello de lo que se sabe que no se puede hablar abiertamente o aquello de lo que solo algunos, en determinadas circunstancias, pueden hablar, o incluso algo de lo que se puede hablar ciñéndose únicamente a ciertos términos específicos[2].

Por lo que respecta al tema del poder en la Iglesia, la tendencia a encubrir abusos e injusticias recurriendo sistemáticamente a la retórica de la obediencia y del servicio hace particularmente difícil afrontar el discurso en las asambleas y reuniones, también dentro del debate sinodal, en general para los laicos, y de manera particular para las mujeres, es decir, para los individuos que están en su mayoría excluidos del ejercicio sinodal de gobierno. Sin embargo, la tradición bíblica enseña que «la verdad acontece en el diálogo, en el debate, en la conversación, en la palabra»[3]. Y, por tanto, parece necesario afrontar abiertamente el discurso sobre el

---

1. En español se publicó en 1973 con el título *El orden del discurso.*

2. MICHEL FOUCAULT, *El orden del discurso,* Fábula Tusquets, Barcelona 2002[2], p. 14.

3. JOSEF PIEPER, *Abuso di parola, abuso di potere,* Vita e Pensiero, Milán 2020, p. 51.

poder en ese espacio de escucha privilegiado que reside en el corazón del gobierno de la comunidad eclesial y que es el Consejo de cardenales, presidido por el Papa, reunido para reflexionar y discernir sobre el presente y el futuro de la Iglesia.

El primer artículo, presentado por quien esto escribe, introduce el tema a partir de la crítica radical que hace Jesús al abuso del poder. La radicalidad de la palabra evangélica sobre el poder sufrió, necesariamente, un proceso de desarrollo en su interpretación, que se dio de forma paralela a la progresiva institucionalización de la Iglesia: en un primer momento, según el modelo imperial, y a continuación según el modelo de las monarquías europeas de la edad moderna. Si la negación del problema no hace más que aumentar la tensión y el conflicto dentro de la comunidad, el camino sinodal, con su invitación a la comunión, a la transparencia y a la responsabilidad, es una preciosa ocasión para mirar juntos aquello que pervierte la autoridad y desarrollar formas de gobierno capaces de fomentar la vida. Después de haber tomado en consideración la realidad del poder en su acepción positiva, es decir, como posibilidad de hacer prosperar la vida, y en su acepción negativa, en su lado oscuro, con particular atención a la cuestión del control social, la reflexión se concluye regresando a la Escritura. Porque el libro del Éxodo, a través de la narración, presenta dos modelos de gestación del poder enfrentados: el poder que conduce a la muerte, que es el que ejerce el Faraón; el poder que hace prosperar la vida, que es el que ejercen, primero, las mujeres que salvan al pequeño Moisés y, posteriormente, el mismo Moisés junto a su hermano Aarón y su hermana Miriam.

El segundo artículo, firmado por la economista Valentina Rotondi, hace hincapié primeramente en la función que la economía ha tenido desde su origen, que es ser el medio privilegiado para garantizar el bienestar y el bien-vivir colectivo y la gestión equitativa de los recursos, sobre todo de los compartidos. La necesidad del cambio, que nos lleva a establecer relaciones incluso con quienes no pertenecen al estrecho círculo de la familia, nace del reconocimiento de nuestra fragilidad y de nuestra incapacidad para bastarnos a nosotros mismos. Sin embargo, con el tiempo, la economía se ha transformado, y a menudo se ha desvirtuado. En lugar de promover el esfuerzo común de cuidar las fragilidades, ha teorizado sobre la oportunidad de servirse de él para enriquecer a unos pocos a expensas de muchos. En un entorno global caracterizado por múltiples crisis interconectadas, incluida la crisis climática, y por desigualdades económicas, sociales y territoriales cada vez mayores, es esencial redescubrir la idea originaria de economía como cuidado y buena gestión. Este planteamiento nos obliga a reevaluar la importancia de las relaciones entre sexos, reconociendo su igual valor y las diferentes exigencias de hombres y mujeres en el ámbito de la economía. Nos hace también llevar a cabo una profunda reflexión sobre las relaciones entre generaciones, para fomentar una perspectiva que tenga en cuenta las exigencias de los jóvenes, adultos y ancianos, garantizando que las decisiones económicas que se tomen hoy no pongan en peligro el bienestar de quien venga después de nosotros.

El tercer artículo, presentado por Donata Horak, canonista, toma como punto de partida la constatación de que a comienzos del pasado siglo el derecho canónico, en su primer código, se adhirió a un modelo jurídico que se caracterizaba por la sistematicidad, la precisión y el rigor, de acuerdo con el paradigma positivista que predominaba por entonces. En las décadas posteriores la reforma eclesiástica del Concilio Vaticano II conllevó una profunda revisión de la disciplina, por medio de la promulgación de dos códigos profundamente renovados en su sistematicidad y en sus contenidos categóricos. Pero la reforma posconciliar no fue capaz de cambiar el enfoque hermenéutico frente a las leyes. El derecho canónico se ha interpretado siempre como una superestructura que pone límites a la vida de las personas y de las comunidades, más que como un instrumento de libertad y comunión capaz de hacer prosperar la vida y la vocación de todas las mujeres y todos los hombres en la Iglesia. Aunque el Código actual no presenta discriminaciones evidentes frente a las mujeres, su eficacia depende de la estabilidad de ciertos antagonismos que hacen que la reforma de la Iglesia y, por tanto, la mayor participación de las mujeres en el proceso sinodal, estén estancadas. Superar el estéril antagonismo y encontrar de nuevo las raíces sapienciales del derecho canónico, que tiene como objetivo la *salus animarum,* es el camino que hay que recorrer para que se haga realidad en la Iglesia esa justicia que repara, regenera y abre al futuro.

La categoría que más que ninguna otra se repite y aúna los tres artículos es la del «cuidado». En su mensaje del Ángelus el primer día del año 2023, el papa Francisco definió «cuidar» como un «lenguaje nuevo». La expresión es paradójica, porque los seres humanos conocen desde siempre los gestos del cuidado. Dado que no tienen pelaje para protegerse del frío, ni alas para elevarse desde el suelo en caso de peligro, ni dientes adaptados para consumir la mayor parte de los alimentos que se encuentran en la naturaleza, el hombre y la mujer, para sobrevivir, necesitan cuidar de sí mismos y de los demás.

Por tanto, ¿en qué sentido el lenguaje del cuidado es «nuevo»? En primer lugar, en el sentido de que es el lenguaje que escogió Jesús para manifestar el rostro amoroso de Dios. Porque el cuidado que Jesús muestra hacia las personas con las que se encuentra es, en sí mismo, Evangelio: cuando da de comer a los hambrientos, cuando libera a los oprimidos, cuando consuela a los afligidos y resucita a los muertos, nos revela el rostro del Padre.

También los gestos de la Última Cena son gestos del cuidado: bendecir el cáliz, bendecir el pan y compartirlo con los comensales era un gesto típico del cabeza de familia judío de la época de Jesús, pero Jesús añade una palabra nueva: «Este es mi cuerpo»; «Esta es mi sangre». En la vida familiar solo la madre puede dar literalmente su cuerpo como alimento para sus hijos, durante el embarazo y durante el periodo de lactancia. Por tanto, Jesús se ofrece a los suyos como padre y madre y los invita a hacer lo mismo unos por otros. En el lavatorio de los pies, además, realiza el gesto que estaba reservado a la esposa y a la madre en las familias que no tenían sirvientes. De igual modo, quien ostenta la autoridad en la Iglesia debe comportarse como quien sirve. El «padre-amo» –figura paterna muy difundida en la época de Jesús– no es el modelo de padre que Jesús propone a los creyentes. Según Jesús, el padre es un padre maternal que ha integrado, en su personalidad y en su manera de comportarse, la ternura y la capacidad de cuidar que durante siglos se pensó que estaban reservadas a las madres. El lenguaje del cuidado es nuevo porque Jesús lo asume como propio y lo propone como modelo de vida para todos los creyentes, sean hombres o mujeres.

Asimismo, el lenguaje del cuidado es «nuevo» en la reflexión y en los discursos de la Iglesia, en el sentido de que se trata de una categoría que se ha puesto en conocimiento de psicólogos, filósofos y teólogos solo en el siglo XX, cuando también las mujeres pudieron por fin dedicarse sistemáticamente a su estudio. En cierto modo, las reflexiones de las mujeres pusieron palabras a la experiencia de Jesús. Y aunque los estudios más recientes tienden a afirmar que la necesidad y la capacidad de cuidar pertenecen al ser humano como características fundamentales e imprescindibles y que no dependen de la condición masculina o femenina, no se puede negar que la reflexión sistemática sobre el tema del cuidado se la debemos precisamente a las mujeres y a su particular sensibilidad hacia este lenguaje, que han cultivado a lo largo de los siglos. De esta larga historia nos viene a cada una de nosotras la responsabilidad de elevar la voz y proclamar el Evangelio del cuidado como un don para todos –tanto hombres como mujeres– del que depende el futuro de las generaciones.

Estoy sumamente agradecida al papa Francisco por haberme ofrecido esta oportunidad y por la confianza y la libertad que me han acompañado para ponerla en práctica. Mi especial agradecimiento también a la casa editorial Paulinas, que desde el comienzo creyó en el valor de este proyecto y que ha invertido plenamente en él su tiempo y su profesionalidad. Gracias también a los especialistas –y al único especialista– que han participado en los encuentros con el C9, ofreciendo sus aportaciones con competencia científica y en un ambiente de auténtica fraternidad. Gracias también a todos aquellos, que son muchos, que han sostenido nuestro trabajo con su consejo, su cariño y su oración. Que el Señor conceda a todos su bendición y, a su debido tiempo, abundantes frutos.

Roma, 24 de junio de 2024

SOBRE EL PODER Y SUS CONTRADICCIONES

Linda Pocher fma

En los dos últimos siglos los estudios bíblicos, primero de cuño protestante y posteriormente también en ámbito católico, han llevado a reconocer con una cierta seguridad el hecho de que Jesús, en su experiencia histórica, «no quiso fundar ninguna religión y, por tanto, ningún templo, ningún sacerdocio, ninguna estructura jerárquica o un derecho canónico: su atención se dirigía a una profunda renovación de la vida desde la perspectiva del inminente reino de Dios, que rediseñaba radicalmente las formas de autoridad y de poder»[4].

Las palabras que Jesús dirige al círculo más íntimo de sus discípulos, por ejemplo, el famoso discurso sobre la providencia divina del capítulo sexto del Evangelio de Mateo (vv. 24-34), permiten trazar el perfil de un movimiento de personas que no se preocupan por sus hijos, sus cónyuges o sus padres, sino tan solo de su propia vida. Entre líneas, este discurso da testimonio

---

4. ADRIANA VALERIO, *Il potere delle donne nella Chiesa. Giuditta, Chiara e le altre*, Laterza, Bari-Roma 2016, p. 23.

de la presencia de mujeres discípulas dentro del grupo de los primeros discípulos, que Gerd Theissen define como «carismáticos itinerantes», es decir, hombres y mujeres que han abandonado su familia y su casa –y, por tanto, la seguridad económica y el reconocimiento social– para seguir al Maestro y vivir, como él, del sustento material que les ofrecen los simpatizantes locales del movimiento, a los que ofrecían predicación y curaciones (Lc 10,5ss.). Sembrar y recoger es un ejemplo de trabajo masculino, mientras el tejer es un trabajo típicamente femenino. «Puesto que tales sentencias, simétricas para ambos sexos, se encuentran a menudo en la tradición acerca de Jesús, sin que existan modelos en la tradición sapiencial, podemos deducir que había mujeres entre los oyentes, y de Mt 6,25ss. podemos sacar la conclusión de que existían mujeres seguidoras en sentido estricto»[5].

Por tanto, el mensaje de Jesús, si se coloca sobre el plano de la provocación profética, y no tanto sobre la fundación institucional, señaló nuevos horizontes de sentido para la vida y para la fe sin empeñarse en propuestas estructurales. Pero la narración evangélica permite apreciar la manera nueva en que Jesús se relaciona con las personas con las que se encuentra, haciendo realidad «una posibilidad de convivencia

---

5. Gerd Theissen, *El movimiento de Jesús. Historia social de una revolución de los valores,* Sígueme, Salamanca 2005, p. 74.

humana fundada no en la pertenencia a una casta (sacerdotes, laicos), una clase (ricos y pobres), a un pueblo (judíos y paganos) o a un sexo (hombre y mujer), sino sobre las relaciones de amor y de comunión»[6].

A diferencia del Antiguo Testamento, que conoce y aborda en repetidas ocasiones la reflexión con respecto al gobierno del pueblo de Dios y, por tanto, a la necesidad y la contradicción del poder político, el Nuevo Testamento no trata de manera sistemática la cuestión de la política y del Estado. Pero, en conjunto, se aprecia de manera más clara la centralidad «de la dignidad del hombre, que debe protegerse siempre contra la impetuosidad de todo abuso político, y la consideración de que en esta tierra el hombre es siempre huésped y peregrino: en ningún caso puede acampar ni ignorar que está en camino hacia la patria futura»[7].

En consonancia con la tradición profética que lo precede, Jesús estigmatiza firmemente «la desmesurada ambición del poder cuando, en sus formas más extremas, deshumaniza al hombre y le impide su plena realización, y propone, en positivo, la lógica del servicio y de la fidelidad a Dios y a los hombres»[8]. A pesar de su carisma personal y sus reconocidas dotes de líder,

---

6. Adriana Valerio, *Il potere delle donne nella Chiesa*, o.c., p. 23.

7. Cosimo Posi, *Il potere capovolto. La politica nella Bibbia e nella Chiesa*, Edizioni Messaggero, Padua 2016, p. 51.

8. Ib., p. 52.

Jesús resiste a la tentación de servirse de su influencia para manipular al prójimo, para obtener un provecho exclusivamente personal o para alcanzar posiciones sociales de prestigio. Cuando sus discípulos, decepcionados y desconcertados por la mala acogida que recibieron en Samaría, quisieron hacer bajar un fuego del cielo para acabar con quienes se les oponían, «Jesús les reprendió con aspereza, porque todo poder que se transforma en ideología fanática, religiosa, nacionalista, resulta radicalmente irreconciliable con el proyecto de Dios (cf Lc 9,51-56)»[9].

A imitación de Jesús, la comunidad cristiana no deberá reproducir las estructuras de poder opresivas que hay en la sociedad: los creyentes tendrán que diferenciarse de los poderosos de este mundo, a ejemplo del Hijo del hombre, «que no ha venido a ser servido, sino a servir y dar su vida por la liberación de todos» (Mt 20,28). Por lo tanto, ante la perspectiva de una futura estructuración de las relaciones dentro de la comunidad, la única indicación que se ofrece es la del servicio mutuo *(diakonia)*, que excluye toda forma de dominio o de abuso de un hermano sobre otro.

Quizá por eso, en nuestra cultura, sobre todo dentro de la Iglesia, buscar el poder es sinónimo de «mala conciencia». El discurso adopta tonos paradójicos cuando

---

9. Ib., p. 53.

hace referencia a la historia de las mujeres: porque, por un lado, hay quien, poniendo el acento en la objetiva «exclusión de las mujeres de los lugares institucionales y autorizados del ejercicio del poder, las deja completamente impotentes»; y, por otro lado, hay quien «identifica en el subterfugio, en la mandrágora[10] y en la seducción un espacio cuya eficacia superaría a la de reyes y obispos»[11]. Atrapadas entre estos extremos, las mujeres que aspiran a compartir principalmente la responsabilidad por el presente y el futuro de la Iglesia encuentran con frecuencia que tienen que elegir entre hablar abiertamente y ser etiquetadas como «reivindicadoras» o recurrir a verdaderos subterfugios y manipulaciones, o incluso rendirse y callar para no perturbar los equilibrios de la comunidad y la serenidad de sus ministros.

En general parece que existe la tendencia, entre quienes anhelan el poder –mujeres, hombres, religiosos o laicos–, sea cual sea el motivo y en cualquiera de sus formas, a negarlo con determinación por miedo a la crítica social. Pero este mecanismo de negación no deja de tener consecuencias, sobre todo en el contexto eclesial actual, que es muy diferente al entorno en el que Jesús vivió y predicó. La crítica al poder y la

---

10. La mandrágora se asocia con la magia y la fertilidad, y simboliza la astucia, el engaño y la manipulación. (N. de la T.)

11. Cristina Simonelli, «Senza chiedere permesso. Potere delle donne nella chiesa», en *Credere Oggi* 4 (2023), pp. 69-81, aquí p. 69.

invitación a vivir la autoridad como servicio suena, en realidad, con tonos sumamente diferentes si la pronuncia una persona que vive de la providencia y rechaza casi cualquier tipo de vínculo con los poderes fácticos de su época o si la pronuncia una persona que ha alcanzado una posición de prestigio dentro de una institución públicamente reconocida y que es fácil que disponga de un patrimonio de bienes muebles e inmuebles.

En el segundo caso es necesario, por un lado, elaborar una serie de justificaciones teológicas y morales respecto a la situación actual, y, por otro, elaborar una hermenéutica espiritual o simbólica del mensaje evangélico que permita actualizar la palabra de Jesús sin renunciar a la posición social, política y económica adquirida[12]. Ante esta dificultad, creo que es oportuno tratar de proponer una breve fenomenología del poder en la Iglesia, poniendo por un instante entre paréntesis

---

12. Es lo que hizo Eusebio de Cesarea, por ejemplo, cuando los cristianos dejaron de ser perseguidos y el cristianismo fue convirtiéndose progresivamente en la relación sobre la cual Constantino sustentó su intento de reunificación del Imperio romano. Eusebio «no tenía dudas: aquello respondía al designio providencial de Dios. [...] El Imperio manifestaba finalmente la función que se le había asignado en la historia de la salvación: lugar predestinado, con Augusto, para la encarnación del Hijo de Dios, pasaba ahora, con Constantino, a ser el instrumento que permitiría la difusión del mensaje cristiano, tal como había anunciado el mismo Jesús, por todos los rincones del mundo; al mismo tiempo, su Iglesia, finalmente reconocida en su esplendor, triunfaría definitivamente sobre sus enemigos internos (disidentes y herejes) y externos (paganos y judíos)» (GIOVANNI FILORAMO, *La croce e il potere. I cristiani da martiri a persecutori*, Laterza, Bari-Roma 2011, p. 44).

la retórica eclesial del poder como servicio, que a veces nos impide poner nombre a las dificultades y contradicciones que encontramos diariamente cuando se trata del poder –que, a fin de cuentas, es una dimensión de la vida humana y, como tal, no puede eliminarse de ningún modo– y de su adecuada gestión.

¿Qué es el poder?

Una vez reconocido el hecho de que, como institución eclesial, a veces tenemos ciertos problemas respecto a la cuestión del poder, las ciencias sociales pueden, sin duda, venir en nuestra ayuda. Porque el poder, objeto de reflexión desde los orígenes de la filosofía política, es un concepto clave en la sociología actual. Pero se trata de un concepto complejo, «vinculado y a veces confundido con los conceptos de autoridad, potencia, ambición, fuerza, dominio, control, influencia, prestigio, persuasión, dirección (liderazgo) y muchos otros […]. Está estrechamente relacionado con los conceptos dc valor, dccisión, actuación, cstructura social»[13]. De ahí que hablar sobre el poder implique inmediatamente debatir sobre las diversas nociones de la vida social y política.

---

13. Raimondo Strassoldo, «Poder», en Franco Demarchi – Aldo Ellena – Bernardo Cattarinussi (eds.), *Diccionario de sociología*, Editorial San Pablo, Madrid 1986.

En el diccionario de la lengua italiana, la voz «poder» presenta como primera definición la «capacidad que alguien tiene de hacer algo según su voluntad»; como segunda definición, la «influencia que se ejerce sobre alguien o algo; autoridad, influencia, impacto». Solo en tercer lugar encontramos la definición de poder como «dominio, supremacía», seguida de «capacidad extraordinaria o sobrenatural» y, por último, la alusión a un «organismo que ejerce la autoridad política, jurídica, administrativa o religiosa»[14]. Es evidente la lógica progresiva que ha guiado al redactor de la voz: en realidad el primer grado del poder no puede más que aludir a la posibilidad de disponer de uno mismo. Solo quien dispone de sí mismo puede influir en los demás: de una manera positiva, como ocurre, por ejemplo, en la relación educativa, que implica una relación asimétrica entre uno que dispone del conocimiento y del arte necesario para vivir y otro que, por su parte, debe aprender; o bien de una manera negativa, como ocurre en las relaciones de abuso, del tipo que sean, que son posibles, a su vez, solo a partir de una desigualdad de poder, de una asimetría de posibilidades.

Tomadas en conjunto, estas dos dimensiones del poder –disponer de uno mismo y disponer de los demás–

---

14. Giacomo Devoto – Gian Carlo Oli – Luca Serianni – Maurizio Trifone, *Nuovo Devoto-Oli. Il vocabolario dell'italiano contemporaneo*, Le Monnier, Milán 2022, p. 1655.

explican la complejidad y la ambigüedad de las relaciones de poder y merece la pena profundizar en ellas, aunque sea brevemente, una por una. Porque el poder «no es *ajeno* a nuestra vida, ni es algo *solo de otros, con los que no tenemos nada que ver.* El poder está impregnado de lo humano; es propio de la humanidad, y por ese motivo nos obliga a tomar decisiones éticas a cada uno de nosotros. Lo queramos o no, en el escenario estamos todos. Lo difícil es comprender con qué papel y con qué motivaciones»[15].

El poder como posibilidad

A partir de los años 80 del siglo pasado, como alternativa a los enfoques tradicionales para evaluar el bienestar y el desarrollo, que suelen basarse exclusivamente en indicadores económicos como el PIB, el economista y premio Nobel, Amartya Sen elaboró el llamado enfoque basado en la posibilidad, en la capacidad *(capabilities)*. Según Sen, el auténtico desarrollo debería medirse en términos de las posibilidades que tienen las personas de tomar decisiones importantes y de tener oportunidades reales para vivir la vida que desean. El concepto de «capacidad», por tanto, hace referencia a

---

15. Rocco D'Ambrosio, «Come cambia il potere nella società e nella Chiesa», en *Credere Oggi* 4 (2023), pp. 9-22, aquí p. 10. Cf también Id., *Il potere. Uno spazio inquieto*, Castelvecchi, Roma 2021.

la libertad fundamental que las personas tienen para seguir varios modos de vida que consideran valiosos[16].

Posteriormente la filósofa feminista Martha Nussbaum elaboró y amplió la teoría de la capacidad de Sen, proponiendo un elenco de capacidades fundamentales que cada individuo debería tener para vivir una vida humana digna, como por ejemplo: la posibilidad de una esperanza de vida de duración normal; disfrutar de buena salud, lo que implica la posibilidad de tener una casa apropiada y de acceder a una nutrición adecuada; la posibilidad de moverse libremente y de ser respetado en los límites de su propio cuerpo; de utilizar su sensibilidad para imaginar, pensar y razonar de forma verdaderamente humana, es decir, disponiendo de una formación adecuada en los diferentes ámbitos del conocimiento humano y de poder expresarse creativamente a través del arte; la posibilidad de desacuerdo político y la libertad religiosa y de conciencia; la posibilidad de desarrollo afectivo y emocional sano; la posibilidad de pertenecer a una comunidad humana y de estar protegido ante las discriminaciones; la posibilidad de estar en contacto con el entorno natural y los animales, de reír, jugar y disfrutar de actividades recreativas; la posibilidad de participación política, de poseer bienes y de trabajar en igualdad con los demás.

---

16. Cf AMARTYA SEN, *Desarrollo y libertad,* Planeta, Barcelona 2000, pp. 94-114. Cf también ID, *La idea de la justicia,* Taurus, Madrid 2011, pp. 253-290.

Este elenco, es importante especificarlo, «es una lista de elementos separados: no podemos satisfacer la necesidad de uno de ellos ofreciendo una mayor cantidad de otro. Todos tienen una importancia fundamental y una calidad distinta»[17], y nos es útil tener siempre presente la complejidad de las necesidades del ser humano. Asimismo, tener la posibilidad no significa tener el deber, sino más bien poder elegir. Es posible elegir, es decir, disponer de uno mismo, siempre y cuando se nos ofrezcan realmente posibilidades.

Ambos estudiosos consideran el poder no solo como una cuestión de tener recursos o autoridad, sino como la posibilidad concreta de utilizar esos recursos para llevar a cabo objetivos y aspiraciones personales. En este sentido, el poder se considera como la capacidad real de hacer cosas y de ser aquello que se quiere ser. Por tanto, si quieren ser realmente justas, las instituciones deben promover las capacidades de las personas de poder, es decir, de tener vidas dignas de ser vividas[18].

---

17. Martha Nussbaum, *Women and Human Development: The Capabilities Approach,* Cambridge University Press, Cambridge 2000, p. 81. (Ed. esp.: *Las mujeres y el desarrollo humano. El enfoque de las capacidades,* Herder, Barcelona 2012).

18. Cf Sergio Filippo Magni, *Etica delle capacità. La filosofia pratica di Sen e Nussbaum,* il Mulino, Bolonia 2006. La teoría de la capacidad de Amartya Sen y Martha Nussbaum ha sido empleada por diferentes organismos internacionales para abordar la cuestión del desarrollo humano, bienestar y justicia social. El PNUD (Programa de las Naciones Unidas para el Desarrollo) ha adoptado este enfoque en su Índice de desarrollo humano (IDH), que evalúa el

El ser humano no puede quedar privado de esta dimensión del poder, lo contrario supondría la aniquilación de su dignidad. A este respecto, el poder coincide «con el vivir, en el sentido de que todo lo que existe tiene la *posibilidad de,* es decir, tiene la posibilidad de vivir, de desempeñar funciones, de llevar a cabo algo»[19].

Lo cierto es que en el primer relato de la creación la Escritura presenta al hombre a la mujer –en la dualidad sexual que los caracteriza– como guardianes de la creación designados por el Creador: han sido creados para disponer de toda la creación en nombre de Dios (Gen 1,26-28)[20]. Y esta oportunidad es tan real que lleva consigo la posibilidad de que el ser humano rechace o altere la obra de su Creador. La libertad del ser humano,

---

progreso de las naciones teniendo en cuenta la esperanza de vida, la educación y la renta per cápita. El Banco Mundial utiliza la teoría para fomentar capacidades individuales y colectivas en sus proyectos de desarrollo. También la OCDE (Organización para la Cooperación y el Desarrollo Económico) y la OIT (Organización Internacional del Trabajo) han incorporado este enfoque en sus políticas, centrándose, respectivamente, en la calidad de vida y en el trabajo digno. La Comisión Europea emplea la teoría de la capacidad para reducir las desigualdades y promover el desarrollo humano en los Países miembros.

19. Rocco D'Ambrosio, «Come cambia il potere nella società e nella Chiesa», a.c., p. 11.

20. Al decir «Hagamos», en primera persona del plural, Dios no está hablando solo consigo mismo, sino que se dirige también «a los seres humanos que su palabra está creando –y, narrativamente, a los lectores–, para invitarlos a colaborar, con su "hacer", en su acción creadora con el fin de llevarla a su plena realización» (André Wénin, *D'Adam à Abraham ou les errances de l'humain,* Éditions du Cerf, París 2007 [edición digital]).

la posibilidad de disponer de verdad de sí mismo y también de aquellos que, por diversos motivos, se le han encomendado, es algo tan serio para Dios que merece la pena arriesgarse al fracaso y al abuso, hasta tal punto que «se expone deliberadamente al riesgo del rechazo o de la indiferencia, creando las condiciones para ello»[21].

¿De qué manera la Iglesia fomenta y garantiza la posibilidad de pleno desarrollo humano y espiritual de los creyentes? ¿Hay costumbres, tradiciones, instituciones, que más que promover lo humano lo aniquilan, llevando al desánimo o al abandono de la fe y de la alegría de vivir?

El lado oscuro del poder

El poder al ejercerlo es también control, sobre todo cuando, en una situación de desigualdad respecto a las posibilidades, la persona o el grupo que se encuentra con ventaja tiende a aumentar su propio privilegio y a defender su postura. Si no se identifica y desenmascara enseguida esta tendencia, se convierte en el terreno ideal para la cultura del abuso, es decir, para llevar a

---

21. PIERANGELO SEQUERI, *Paralogismi del dono e teologia della grazia*, en CARMELO VIGNA (ed.), *Etiche e politiche della post-modernità*, Vita e Pensiero, Milán 2003, pp. 149-156, aquí p. 157.

cabo la afirmación de uno mismo dominando y utilizando a los demás[22].

La necesidad de controlar a los demás una vez alcanzada una posición de poder es el resultado de un complejo entramado de motivaciones personales, necesidades organizativas e influencias culturales. Comprender esta dinámica requiere un análisis multidimensional que tome en consideración los múltiples niveles y contextos en los que se manifiestan el poder y el control. Las ciencias humanas, a partir del último cuarto del siglo XX, han dedicado una particular atención al estudio de lo que se ha venido llamando «control social»[23].

Santo Tomás, en el siglo XIII, distinguía entre dos tipos de sometimiento. Uno «servil, por el que el señor usa a sus súbditos para su propio provecho. Fue introducido después del pecado» y «otro, económico o civil, por el que el señor emplea a sus súbditos para la utilidad y bienestar de los mismos». Este último, que incluye también la natural sumisión de la mujer al hombre porque «la naturaleza dio al hombre mayor discernimiento», «habría existido también antes de darse el pecado, ya que no habría organización en la sociedad

---

22. Cf (por ejemplo) Dysmas de Lassus, *Schiacciare l'anima. Gli abusi spirituali nella vita religiosa*, EDB, Bolonia 2021, pp. 243-247.

23. Cf Giuseppe Bartoli, «Control social», en Franco Demarchi – Aldo Ellena – Bernardo Cattarinussi (eds.), *Diccionario de sociología*, Editorial San Pablo, Madrid 1986.

humana si unos no fueran gobernados por otros más sabios»[24].

En cambio, la sociología contemporánea reconoce que, también en sus formas más moderadas, los mecanismos de control social «aun dependiendo de los individuos y de los grupos, pueden funcionar también por los intereses del grupo dominante que controla»[25]. Porque la inclinación del líder hacia el poder, también en los sistemas sociales de pequeñas dimensiones, como una familia, una comunidad o una hacienda, procura inevitablemente el mantenimiento de su propia posición y la prevención de eventuales amenazas, exigencia que puede tener su raíz psicológica en una necesidad personal de seguridad o en el deseo de protegerse del prójimo, a quien se considera incapaz de cuidarse a sí mismo, como ocurre en el caso de la visión tomista de la mujer.

El control puede manifestarse a través de la reglamentación del comportamiento, la manipulación de la información y la limitación de las oportunidades para potenciales rivales. Además, un líder puede establecer estructuras de control para justificar su autoridad y consolidar su legitimidad ante la mirada de los demás.

---

24. TOMÁS DE AQUINO, *Suma Teológica* I, q.92, a.1, ad 2, en *Suma Teológica* I, parte I, BAC, Madrid 2001⁴, p. 824.

25. Cf GIUSEPPE BARTOLI, «Control social», en FRANCO DEMARCHI – ALDO ELLENA – BERNARDO CATTARINUSSI (eds.), *Diccionario de sociología*, Editorial San Pablo, Madrid 1986.

Algunos estudios de psicología han demostrado que llegar a posiciones de poder puede alterar la cognición y el comportamiento, reduciendo la empatía y aumentando la tendencia a cosificar a los demás, fomentando comportamientos de control y manipulación[26].

En contextos organizativos, se considera que el control es necesario para garantizar la eficiencia, la coordinación y el logro de los objetivos. Quienes ostentan el poder pueden creer que el control es indispensable para el buen funcionamiento de la organización. Las estructuras de control suelen incluir mecanismos de recompensa y castigo para incentivar comportamientos deseados y desalentar los indeseados, permitiendo que el líder dirija mejor la organización. En las instituciones del cuidado, como las escuelas, los hospitales y las cárceles modernas –que tienen la intención de reeducar al culpable–, el poder se ejerce a través de prácticas disciplinarias que controlan el comportamiento y forman a los individuos[27]. En muchas culturas, el control por

---

26. Cf David Kipnis, *Does power corrupt?,* en *Journal of Personality and Social Psychology* 1 (1972) 33-41; Adam D. Galinsky – Deborah H. Gruenfeld – Joe C. Magee, «From Power to Action», en *Journal of Personality and Social Psychology* 85/3 (2003), pp. 453-466; Paweł Ziemiański, «Does power corrupt or does it facilitate goal attainment? Dominance and functionalist perspectives in psychological models of power», en *Annals of Psychology* 3 (2017), pp. 641-660.

27. Cf Michel Foucault, *Vigilar y castigar. Nacimiento de la prisión,* Siglo XXI, Buenos Aires 2002; Id, *Historia de la sexualidad* I. *La voluntad de saber,* Siglo XXI, Buenos Aires 2007[31], pp. 126-139.

parte de los líderes se considera normal y conveniente, y las normas culturales pueden legitimar el uso del control y convertirlo en una práctica aceptada e incluso deseada.

Desde el punto de vista eclesial, «la importancia de la reforma gregoriana, cuyo "principio central" residió en "la potenciación de la autoridad papal", no puede minusvalorarse. Ella es "la gran línea divisoria en la historia de la Iglesia occidental"»[28]. En sus estructuras fundamentales –afirma Lafont– «la forma gregoriana [de la Iglesia] no se ha abandonado»[29], aunque sí ha sufrido algunos cambios. Por tanto, las estructuras actuales de la Iglesia, en especial en el catolicismo romano, son herederas de estructuras sociales de la sociedad europea occidental, en particular de las monarquías nacionales del siglo XVIII. Este modelo de Iglesia, fuertemente institucionalista, tendía a acentuar su propia forma de gobierno y a identificarse con los poderes y los derechos de sus responsables[30].

Poder estructurarse como un Estado, con su propio ejército, prisiones y tribunales, y con sus propias

---

28. CARLOS SCHICKENDANTZ, «Una teología y praxis eclesial carente de *accountability*. Análisis de una forma de proceder en el posconcilio», en RAFAEL LUCIANI – SERENA NOCETI – CARLOS SCHICKENDANTZ (eds.), *Sinodalidad y reforma*, PPC, Madrid 2022, p. 428.

29. GHISLAIN LAFONT, *Imaginer l'Église catholique*, Cerf, París 1995 [edición digital].

30. Cf AVERY DULLES, «Church as an institution», en *Models of the Church*, Penguin Random House Christian Publishing, Nueva York 1991 [edición digital].

posesiones en términos de territorio y capital, ha sido, sin duda, una posibilidad de desarrollo y prosperidad para la Iglesia. Todavía hoy, estar en igualdad de condiciones frente a los demás Estados le ofrece al Vaticano, por ejemplo, la posibilidad de intervención y mediación internacional. Pero el precio que debe pagar por esta posibilidad es considerablemente elevado.

¿Quién controla a quién?

Sin embargo, el desequilibrio de poder no perjudica únicamente a quienes están excluidos de él. El poder centralizado en las manos de uno o de unos pocos produce soledad, y la soledad hace que las personas sean frágiles y estén expuestas a la manipulación y el control por parte de otros.

En su libro *Pablo VI secreto*, Jean Guitton recoge una confidencia que recibió del Pontífice durante una de sus conversaciones privadas en Castel Gandolfo: «Esto me sucede cuando, como mi predecesor Juan XXIII, tengo un problema grave por resolver y me digo: "Le expondré el caso mañana al Santo Padre". Y me doy cuenta de que el oráculo soy yo; yo el último recurso, yo el último árbitro. Esto apenas puede soportarse si no se está preparado»[31].

---

31. Jean Guitton, *Pablo VI secreto,* Encuentro, Madrid 2015.

En la cuarta sección del capítulo cuarto de la *Fenomenología del espíritu*, que lleva el significativo título de *Dominio y servidumbre*, Hegel, presentando la «dialéctica del siervo y el patrón» revela que dentro de la relación entre señor y siervo el conflicto entre dos autoconciencias puede hacer que surja una nueva conciencia de sí mismo y una nueva forma de reconocimiento mutuo. Cuando el siervo se da cuenta de que el amo necesita su trabajo para vivir, puede invertir la relación de poder. El amo está en sus manos. *Mutatis mutandis*, cuando las personas se dan cuenta de que el líder necesita su consentimiento para poder gobernar, lo tienen bajo su control y pueden intentar dirigirlo, por ejemplo, mediante el poder de la palabra y el discurso, como ocurría tradicionalmente en las expresiones simétricas de la adulación y la calumnia, que hoy, lamentablemente, también pueden observarse en los medios[32].

---

32. «Cuando se le dice deliberadamente a una persona lo que quiere escuchar, la palabra se corrompe, inevitablemente. En lugar de una comunicación real, surge una dinámica que sería demasiado suave calificar como "relación de fuerza": sería más apropiado hablar de tiranía, de despotismo. Por un lado, emerge una pseudo-autoridad que no está legitimada por ninguna superioridad intelectual, y, por otro, una dependencia que también sería demasiado considerado llamarla así; el término correcto sería "subyugación". Por tanto, tenemos, por un lado, una pseudo-autoridad no legitimada por ninguna superioridad real y, por otro, subyugación» (JOSEF PIEPER, *Abuso di parola, abuso di potere, o.c.,* p. 45). Para el fenómeno de la difamación o la calumnia, puede verse HOWARD S. BECKER, *Outsiders. Hacia una sociología de la desviación,* Siglo XXI, Buenos Aires 2009, en particular el primer capítulo.

El monopolio de las posibilidades, ya se haga con un fin bueno o por intereses personales, antes o después conduce al conflicto social y se revuelve contra quien está en una posición de poder. Pero el conflicto social, y esto es algo que hemos aprendido de los grandes acontecimientos políticos del siglo XX, no genera automáticamente la libertad. Lo que hace es, más bien, invertir la pirámide de la esclavitud, proponiendo nuevas formas de esclavitud:

> El esclavo de Hegel obliga también al amo a trabajar. La dialéctica del amo y el esclavo conduce a la totalización del trabajo. El sujeto liberal como empresario de sí mismo no es capaz de establecer con los demás relaciones que sean libres *de cualquier finalidad*. Entre empresarios no surge una amistad sin fin alguno. Sin embargo, *ser libre* significa *estar entre amigos*. «Libertad» y «amigos» tienen en el indoeuropeo la misma raíz. La libertad es, fundamentalmente, una *palabra relacional*. Uno se siente libre solo en una relación lograda, en una coexistencia satisfactoria[33].

Los hijos y los amigos tienen en común la posibilidad de vivir la relación con el padre o con el líder sin estar sometidos al control, porque la relación que los une se basa en la confianza mutua y en la

---

33. Byung-Chul Han, *Psicopolítica. Neoliberalismo y nuevas técnicas de poder*, Herder, Barcelona 2021², p. 13.

corresponsabilidad[34]. En la Carta a los gálatas, en el capítulo 4, Pablo utiliza el ejemplo del hijo llegado a la edad adulta para hacer comprender la novedad de la situación del creyente en la alianza nueva respecto a la alianza basada en la Ley. Solo cuando es niño el hijo está sometido al control de un tutor. Pero esta situación no puede perdurar para siempre. El hijo está llamado a ser adulto y a participar plenamente de su dignidad de hijo, estando, por tanto, en igualdad con su padre. Del mismo modo Jesús, antes de dejar a los suyos, no los llama siervos, sino amigos (Jn 15).

El Concilio Vaticano II, «con la inserción del capítulo segundo [de la Constitución dogmática sobre la Iglesia *Lumen gentium*] previsto inicialmente como tercero, es decir, abordando en primer lugar, de la totalidad de la Iglesia como pueblo de Dios y luego de la jerarquía como servicio de este pueblo», ha realizado una «revolución copernicana»[35], que, sin embargo,

---

34. El verbo «generar» puede remontarse a la raíz indoeuropea *dhe-/ the-,* que posteriormente se desarrollará también en be-/fe-/fi- y cuyo «significado esencial es el hecho de "amamantar" de la madre que ha dado a luz». Precisamente de «este núcleo germinal derivan nuestro "beato", el adjetivo "feliz" y, por supuesto, el "hijo", pero también, sorprendentemente, la *eleuthería* griega, es decir, nuestra "libertad", lo que demuestra hasta qué punto son enriquecedoras las experiencias que fluyen de ese manantial de vida» (GIANFRANCO RAVASI, *Di generazione in generazione*, La Scuola, Brescia 2014, p. 5).

35. LÉON-JOSEPH SUENENS, «Algunas tareas teológicas de la hora actual», en número extra *El futuro de la Iglesia,* revista *Concilium* 60 (diciembre 1970), pp. 183-193, aquí p. 185.

para que se ponga en práctica en la vida de la Iglesia, requiere una continua conversión mental de todos los miembros del pueblo de Dios. En parte porque, en la realidad de los hechos, esta revolución copernicana parece carecer de instrumentos jurídicos y pastorales que permitan llevarla a cabo.

En realidad, el modelo eclesial heredado subraya, a través de una considerable cantidad de costumbres y prácticas, la prioridad de los ministros sobre su comunidad. Sobre esto cito algunos a modo de ejemplo: el hecho de que las Iglesias particulares no puedan participar en la elección de su líder; el hecho de que se siga ordenando a obispos titulares sin ningún vínculo real con una Iglesia particular, y, sobre todo, el hecho de que el ministro ordenado esté llamado a responder de sus decisiones y de sus obligaciones solo ante sus superiores. Este último elemento es particularmente significativo porque, hasta hoy, «rendición de cuentas *(accountability)* y transparencia en relación con las comunidades respectivas son valores extraños a la eclesiología que prevalece en la Iglesia»[36].

Dar una mayor atención a la dimensión horizontal de las relaciones intraeclesiales, que no se basen

---

36. Carlos Schickendantz, «Una teología y praxis eclesial carente de *accountability*. Análisis de una forma de proceder en el posconcilio», en Rafael Luciani – Serena Noceti – Carlos Schickendantz (eds.), *Sinodalidad y reforma, o.c.,* p. 439.

únicamente en la buena voluntad de los creyentes, sino que esté garantizada jurídicamente, podría favorecer la edificación de comunidades capaces de construir ese consenso que «asegura que las decisiones tomadas serán mejor acogidas, permitiendo una más pronta y mejor realización de lo decidido en común»[37]. El esfuerzo por una mayor participación y una mayor transparencia podría concebirse como el trabajo concreto de estar en una «mayor vinculación al Espíritu mediante una mayor vinculación a los sujetos del pueblo de Dios, puesto que "a cada cual se le otorga la manifestación del Espíritu para provecho común" (1Cor 12,7)»[38].

El proceso de conversión en Iglesia sinodal implica, por tanto, por su misma naturaleza, la necesidad de encontrar vías para un mayor reparto del poder y la revisión de los mecanismos de control.

Dos modelos confrontados

La cuestión del poder está particularmente presente en el libro del Éxodo, que comienza precisamente confrontando dos modelos contrapuestos de su gestión: por un lado, el poder que conduce a la muerte, que es el del Faraón que persigue a Israel; por otro lado, el

---

37. Ib.
38. Ib.

poder de hacer brotar la vida, que es una red de mujeres que salva a Moisés y que ofrece a Dios la posibilidad de poner en marcha el proceso de liberación del pueblo (Ex 1–2)[39].

El Faraón, escribe Martini, es «un hombre verdaderamente noble, inteligente, perspicaz, capaz de rendirse ante la evidencia. Pero es también un hombre condicionado por su posición, por sus privilegios, por su condición de faraón: ese es su verdadero drama»[40]. En teoría busca el bien de su pueblo, pero en realidad provoca su muerte. Naturalmente, el Faraón puede vivir dentro de cada uno de nosotros, tanto hombres como mujeres. En su figura «se aúnan todas esas formas que nos condicionan y sin las cuales no nos comportaríamos de cierta manera, y que, sin embargo, nos absorben»[41] y no nos permiten dejarnos a nosotros mismos y a los demás el espacio necesario para prosperar plenamente en la vida.

El poder de muerte del Faraón se ve desafiado por el poder del cuidado, que lleva a cabo una red compuesta por tres pares de mujeres que probablemente no se conozcan entre sí, pero que son muy diferentes en

---

39. Cf Jean-Louis Ska, *Il cantiere del Pentateuco* I, *Problemi di composizione e di interpretazione,* EDB, Bolonia 2013, pp. 141-145.

40. Carlo Maria Martini, *Vita di Mosè*, Rosenberg & Sellier, Turín 2013, p. 69.

41. Ib., p. 71.

términos de estrato social y cultura, adoran dioses distintos y viven vidas muy distintas: las parteras egipcias Sifrá y Puá; la madre y la hermana de Moisés, Yoquebed y Miriam, y la hija del Faraón y su criada, que son egipcias y además forman parte de la casa real. Lo que une a estas mujeres tan diferentes entre sí es precisamente el esfuerzo por contrarrestar el poder de muerte del faraón: una especie de objeción de conciencia *ante litteram*.

Las parteras se oponen a la decisión del Faraón sirviéndose de su conocimiento y profesionalidad. Los hombres, en ese ámbito, estaban excluidos de la escena del parto, de manera que el faraón nunca había visto ni podría ver nunca nacer a un niño. Que las madres hebreas fueran tan fuertes como para dar a luz antes de que llegaran las parteras podría ser un hecho real o, quizás, una forma elegante e irónica de contradecir al faraón en su delirio de omnipotencia. Y el faraón lo comprende: en este caso, su respuesta es la rendición, el silencio.

Yoquébed y Miriam, por su parte, creen firmemente que el niño puede vivir, a pesar de la amenaza del faraón. Mantienen en secreto la nueva vida que está surgiendo entre ellas y cuidan del bebé, pero solo durante el tiempo que es estrictamente necesario. Son prudentes y tienen el valor y el discernimiento para comprender que, en algún momento, deben dejar que se vaya si quieren que viva. Deben confiar a su hijo a otras manos y a otros corazones, a pesar del dolor que les supone la separación. La vida del niño, su derecho a un futuro, es más importante que el deseo y la necesidad de los padres de retener y criar a su propio hijo.

Por último, la hija del Faraón y su criada: aun estando tan cercanas al Faraón, optan por servir a la vida, no a la muerte. Cuando ven al niño en el río, y a su hermana junto a él, comprenden de inmediato que es hebreo y que está en grave peligro de muerte. Al tomarlo bajo su protección, la hija del Faraón da testimonio, una vez más, de que el poder del cuidado es más poderoso que el del abuso. Al hacerse cargo del recién nacido, abre la puerta de la historia a un nuevo futuro, prepara la generación de un mundo nuevo.

De manera similar, el destino de Moisés será el de sacar a Israel de Egipto «más como una "partera" que como un "comandante", más como un acompañante que como un guía»[42], porque el verdadero guía del pueblo es Dios. En realidad, la figura de Moisés representa a una especie de anti-líder: la experiencia de fracaso y exilio forzado que tuvo en su juventud, unida a la consciencia de su propia fragilidad, lo lleva, en cierto sentido, a tener un perfil mediocre tanto ante Dios,

---

42. MASSIMO GIULIANI, *Il bastone di Mosè. Profezia e potere nel monoteismo ebraico*, Il Margine, Trento 2012, p. 39.

que lo llama, como ante el pueblo al que es enviado. Además, ejerce su liderazgo junto a su hermano Aarón y su hermana Miriam, de acuerdo con una dinámica de apreciación mutua y de intercambio de carismas y dones para el bien del pueblo, no carente de momentos de crisis y dificultades.

Los tres hermanos pertenecen a la tribu de Leví, de la que se escogerá a la familia sacerdotal. Los tres son voz de Dios, es decir, profetas, «por tanto, Moisés no tiene la exclusividad, no es el único elegido ni tiene el monopolio de la palabra que Dios le dirige [...], no cumple su misión en solitario, sino acompañado por otros levitas, empezando por su hermano Aarón y su hermana Miriam»[43]. De Aarón se dice que era la voz de Moisés; pero en realidad comparten el poder de manera corresponsable, hasta tal punto que el *midrash* los compara con las dos varas que sostenían el arca santa. La Escritura recoge algunos «lamentos mutuos (que, además, son castigados por Dios), pero no episodios de abuso de poder o de desconocimiento del carisma específico de cada uno»[44].

La biblista Mercedes L. García Bachmann afirma que Miriam es, sin duda, una líder que está junto a Moisés y a Aarón y que comparte con ellos su carisma.

---

43. Ib.
44. Ib., p. 160.

Porque es ella quien guía la liturgia de alabanza que sigue al paso de las aguas del mar Rojo, entonando el cántico y dirigiendo las danzas (Ex 15,20-21). Si no hubiese sido así, el episodio de la lepra (Num 12; Dt 24,8-9) no tendría ningún sentido. Junto a Aarón, Miriam se atreve a oponerse a la superioridad y exclusividad de Moisés, porque es consciente de tener su misma dignidad, que deriva de su pertenencia a la misma estirpe y de haber recibido el mismo espíritu de profecía. Al igual que Jacob en su lucha con el enviado de Dios, Miriam se ve afectada físicamente, en su cuerpo, y aunque salga perdedora de su oposición a Moisés, «el pueblo no se movió hasta que Miriam fue restituida al cabo de siete días […], señal importante de credibilidad y respeto hacia una líder y, al mismo tiempo, señal de ambigüedad de su estatus»[45].

Para que algo verdaderamente nuevo crezca, se necesita mucho tiempo y paciencia. Dios mismo esperó mucho tiempo, desde el nacimiento de Moisés hasta el nacimiento de Israel al cruzar el mar Rojo, y posteriormente hasta la llegada a la Tierra Prometida. Pero el poder del cuidado siempre da algún fruto, mientras que el poder de la muerte termina destruyendo incluso

---

45. MERCEDES L. GARCIA BACHMANN, *Miriam. Figura política de primer nivel en el Éxodo,* en IRMTRAUD FISCHER – MERCEDES NAVARRO PUERTO (eds.), *La Torá* I, *La Biblia hebrea. Nuevo Testamento,* Verbo Divino, Estella (Navarra) 2009, pp. 337-378.

a quien lo tiene. El faraón, en su intento de capturar a Israel, provoca la muerte de todo su ejército, porque el mar Rojo cierra sus aguas sobre ellos. Y lo mismo nos ocurrirá a nosotros si ahora, al comienzo de un nuevo milenio, no nos convertimos y pasamos de la cultura predominante del abuso a una nueva cultura de cuidado y de vida.

El paso del mar Rojo es realmente una buena metáfora para describir el tiempo que estamos viviendo en este cambio de época: la llamada a un nuevo nacimiento que, para que acontezca, debe encontrar el valor de afrontar el riesgo de la muerte y de abandonar lo conocido por lo desconocido. Nuestro Dios, el mismo que liberó a Israel de Egipto y que rescató a su Hijo del sepulcro, nos llama de nuevo y nos asegura: «¡No os acordéis de antaño, de lo pasado no os cuidéis! Mirad, yo voy a hacer una cosa nueva; ya despunta, ¿no lo notáis? Sí, en el desierto abriré un camino, y ríos en la tierra seca» (Is 43,18-19).

FRÁGILES, NO FRAGILIZADAS: MUJERES, ECONOMÍA Y CUIDADO

Valentina Rotondi

Hace un tiempo asistí a una reunión de la escuela primaria de mi hijo mayor. Una de esas reuniones que suelen ser de todo menos emocionantes. Pero, a mi pesar, al final de la reunión no solo estaba entusiasmada, sino también emocionada. Imagino que os estaréis preguntando por qué. La maestra de mi hijo comenzó la reunión citando tres palabras: fragilidad, cuidado, florecimiento. Para mí, que soy mujer y madre, estas palabras son fundamentales. Porque, en mi opinión, son tres palabras que constituyen la columna vertebral de nuestra experiencia en la tierra como seres humanos. Nacemos frágiles, sin haber escogido, ni mucho menos merecido, tres de los elementos que definirán gran parte del curso de nuestra vida en esta tierra: los genes de nuestro ADN, la familia a la que somos confiados y nuestro lugar de origen.

Tratemos de razonar hipotéticamente, partiendo de un dato biográfico. Nací en 1987 en Italia. En 1987 en Italia la esperanza de vida al nacer era de unos setenta y seis años. ¿Qué habría sucedido si hubiera nacido, por ejemplo, en la República Democrática del Congo? En la República Democrática del Congo la esperanza de vida en 1987 era de unos cuarenta y siete años[46]. ¿Qué mérito tengo yo de haber nacido en Italia y no en la República Democrática del Congo? Continuemos con nuestro hipotético ejemplo. Tengo la fortuna de tener tres hijos, dos niños y una niña. Mi hija nació en 2021. Cuando mi hija nació, tenía la expectativa de poder dedicar aproximadamente dieciséis años de su vida para su educación. Un niño nacido en Afganistán ese mismo año tenía una expectativa de solo diez años. Son seis años menos, sin tener en cuenta las diferencias derivadas de haber nacido en una familia más o menos acomodada, o de haber nacido hombre o mujer. Pero eso no es todo. Como seres humanos, dependemos completamente de los cuidados que se nos ofrecen *gratuitamente* por parte de quien nos ama, al menos —y esta es una estimación sumamente a la baja— hasta nuestro primer año de vida, un período de tiempo muy largo comparado con otros mamíferos como nosotros. Nos desarrollamos, florecemos, si somos amados, regados con amor. Y nos encerramos en nosotros mismos si no somos acogidos y amados como desearíamos. Prosperamos gracias a las relaciones que nos son dadas y que a veces construimos. Morimos frágiles, al igual

---

46. Pueden consultarse los datos en el link ourworldindata.org/life-expectancy.

que nacemos frágiles. Sin embargo, estas tres palabras –fragilidad, cuidado y florecimiento– son también palabras fundadoras y fundantes de la economía entendida como disciplina y ciencia social. En la actualidad, muchos economistas lo reconocen con entusiasmo. Muchos otros se han olvidado de ello. Algunos hacen como que no lo saben.

Por eso pensé que este testimonio tan sencillo de la maestra de mi hijo sería un buen ejemplo del que partir para hablar de economía: no solo porque no es posible hablar de economía sin hablar de vida, vida vivida, vida real, sino porque, en mi opinión, la economía es la disciplina del cuidado por excelencia. Puede que esta última frase os parezca difícil de creer, por eso os invito a leer con espíritu crítico y corazón abierto estas pocas páginas. Lo cierto es que me gustaría plantear (o re-plantear) aquí una descripción de la economía como ciencia social en la que la incapacidad para ser autosuficiente desempeña un papel fundamental, una perspectiva a la que no estamos acostumbrados, pero que puede servir –al menos a mi parecer– a fomentar un posible y no irrealista cambio del sistema económico actual. Me gustaría hacer este ejercicio porque se me ha pedido que lo haga, aplicando esta definición de economía a un ámbito *específico:* la situación de las mujeres. No creo que se trate de un ejercicio estéril o meramente teórico. Al contrario, las palabras no son nunca vanas. Las palabras tienen el poder, a veces y en determinadas condiciones, de transformar la realidad, que, no obstante, tomando prestadas las palabras del santo padre Francisco, es siempre superior a la idea. Porque las palabras que utilizamos para describir la economía no solo reflejan nuestros valores y nuestras percepciones, sino que además modelan también nuestras acciones y decisiones. Dicho de otra manera: cambiar el lenguaje con el que hablamos de economía puede ser el primer paso, necesario, pero no suficiente, para cambiar la economía misma.

Economía y cuidado

Según una importante economista feminista estadounidense, Julie Nelson[47], hay una asociación implícita entre algunas palabras consideradas masculinas y el concepto de economía y otras palabras, consideradas femeninas, y el concepto de cuidado. Como si la economía fuese una cuestión «masculina» y tuviese poco o nada que compartir con el cuidado, que, por su parte, sería una cuestión estrictamente femenina. Por ejemplo, términos como «competencia», «mercado», «beneficio» y «poder» evocarían la idea de fuerza, agresividad y racionalidad, rasgos que (estéreo)típicamente

---

47. JULIE A. NELSON, *Economics for Humans*, University of Chicago Press, Chicago 2018².

se asocian al género masculino. Al contrario, palabras como «cuidado», «comunidad», «solidaridad» y «vida» estarían asociados a rasgos (estéreo)típicamente femeninos como la empatía, la amabilidad y el altruismo y, por tanto, estarían relegados fuera de la esfera económica. Pero, tal como subrayaron recientemente Nannicini y Minello en su libro *Padres en igualdad de condiciones*[48], no hay ninguna evidencia científica de que el cuidado sea algo intrínsecamente «femenino» o que las mujeres estén por naturaleza más predispuestas al cuidado respecto a los hombres. Ni siquiera las diferencias biológicas, como la imposibilidad de que los hombres den a luz y amamanten, justificaría una actitud diferente ante el cuidado según el sexo. Pero lo que sí sabemos con certeza es que la economía carente de cuidado es estéril, no es fecunda, es decir, no es portadora de vida. Y no solo eso: también sabemos que cuidar de los demás nos beneficia como seres humanos y también como agentes económicos.

Para comprender mejor este punto vamos a tomar el ejemplo del mercado laboral. En el mercado laboral el cuidado y la atención hacia las personas dependientes puede traducirse en una mayor productividad y satisfacción laboral. Las empresas que invierten en políticas

---

48. Alessandra Minello – Tommaso Nannicini, *Genitori alla pari. Tempo, lavoro, libertà*, Feltrinelli, Milán 2024.

de bienestar para las personas dependientes, como programas de salud mental, permisos de maternidad y paternidad remunerados y flexibilidad laboral, suelen constatar un aumento de la fidelidad y de la motivación de su personal. Esto lleva a una menor tasa de *rotación de personal*, con lo que se reducen los costes asociados a la formación y sustitución de empleados. Además, un ambiente de trabajo que promueve el cuidado y el apoyo mutuo puede estimular la innovación y la creatividad. Cuando los colaboradores se sienten valorados y apoyados, están más inclinados a compartir ideas, sustentando la creación de una cultura empresarial dinámica e innovadora. Por último, pero no menos importante, invertir en servicios de asistencia a la infancia de calidad puede permitir a los padres, en especial a las mujeres, participar plenamente en su equipo de trabajo, aumentando así la productividad compleja de la economía.

Pero eso no es todo. El concepto de cuidado va más allá de las simples políticas asistenciales y está estrechamente vinculado a un principio profundamente arraigado en el pensamiento económico franciscano y en la «perfecta alegría» de san Francisco de Asís: la gratuidad. El tiempo dedicado al cuidado no remunerado y a los actos de gratuidad representa una parte significativa de las actividades cotidianas de hombres y mujeres[49]. Estas actividades, a menudo silenciosas e invisibles, no son un bien privado, sino que tienen un impacto público de gran alcance. Porque, como nos recuerda la Biblia, la felicidad de nuestros hijos es más importante que la nuestra[50], y la gratuidad que nos impulsa a fomentar el bien de los demás, de la sociedad y del medio ambiente está íntimamente vinculada a nuestra felicidad y realización y a la felicidad pública, es decir, al bien común.

Un ejemplo concreto de este principio es el papel de los abuelos que dedican tiempo y cuidado a sus nietos sin ninguna remuneración. Según los cálculos que realicé con mi compañero y amigo Paolo Santori[51], si se cuantificara económicamente esta contribución, alcanzaría unos quince mil millones de euros al año. Esta ayuda permite a los padres gestionar mejor el trabajo y la familia, contribuye a la participación de las jóvenes en el mercado laboral y beneficia, por último, la

---

49. Cf VALENTINA ROTONDI – PAOLO SANTORI (eds.), *Gratuitousness*, en ID., *Rethinking Economics Starting from the Commons: Towards an Economics of Francesco*, Springer Nature, Cham (Suiza) 2023, pp. 205-216 (bit.ly/4d8hrqW).

50. LUIGINO BRUNI – DALILA DE ROSA – ALESSANDRA SMERILLI, *Happiness and wellbeing: past foundations, modern evidence and future paths*, en ID. (eds.), *A Modern Guide to the Economics of Happiness*, Edward Elgar Publishing, Cheltenham (Reino Unido) 2021, pp. 1-16 (bit.ly/4cP2GtC).

51. VALENTINA ROTONDI – PAOLO SANTORI (eds.), *Gratuitousness*, o.c.

natalidad[52]. Sin embargo, la gratuidad de los abuelos no es únicamente una cuestión de ayuda económica, sino también de relación y amor por las futuras generaciones. Estos actos silenciosos y preciosos son el núcleo del desarrollo sostenible, porque alimentan la red de relaciones que conforma el bien común de la sociedad. Hablar y valorar su papel es fundamental para reconocer la importancia de la gratuidad en nuestra vida cotidiana y en nuestra comunidad.

Pero el cuidado, como hemos dicho antes, debe ser un valor compartido por ambos sexos: un objetivo que todavía está lejos de alcanzarse. Según Nannicini y Minello, en Italia cada año una madre trabajadora dedica al cuidado de la familia una media de dos meses más que un padre trabajador. Fomentar una ética y una práctica del cuidado asociada también al sexo masculino, a través de conceptos como «cuidado responsable», crianza o *husbandry,* puede ayudar a superar los modelos tradicionales que ven a los hombres exclusivamente como *breadwinners* (los que ganan el pan) y a las mujeres como *caregivers* (las que ofrecen cuidados)[53]. Este nuevo enfoque permitiría crear

---

52. Haiyue Yu – Jin Cao – Shulong Kang, «Fertility cost, grandparental childcare, and female employment», en *Empirical Economics* 3 (2023), pp. 1067-1104.

53. Julie A. Nelson, «Husbandry: A (feminist) reclamation of masculine responsibility for care», en *Cambridge Journal of Economics* 1 (2016), pp. 1-15.

un equilibrio social donde todos, independientemente de su sexo, contribuirían tanto en el mercado laboral como en las necesidades de cuidado de la sociedad. Porque el cuidado es también un terreno de formación para distintas virtudes sociales, como la fidelidad, la cooperación y la empatía, que son competencias cada vez más demandadas en trabajos complejos que difícilmente pueden automatizarse. Superar el *care penalty,* es decir, la penalización que las personas, sobre todo las mujeres, sufren en su carrera por la responsabilidad del cuidado, es fundamental para crear un mercado laboral más equitativo y productivo. Asimismo, promover prácticas que valoren la experiencia del cuidado como un recurso más que como un obstáculo puede tener un impacto positivo en la productividad y en la calidad de vida de los trabajadores.

Siguiendo el ejemplo de Julie Nelson y de muchos otros economistas, hombres y mujeres, me gustaría, pues, afirmar que la dicotomía entre economía y cuidado no solo limita la comprensión de la economía, sino que ha llevado con el tiempo a la elaboración de políticas miopes que han descuidado y dado por sentada la importancia de las actividades de cuidado hacia las cosas, las personas y el medio ambiente. Estas actividades, fundamentales para el bienestar social, son a menudo invisibles en los análisis económicos tradicionales. Ha llegado el momento de redescubrir nuevas palabras para describir la economía, comenzando por la etimología misma del término.

Economía es cuidado

La etimología del término «economía» hunde sus raíces en la antigua Grecia. Deriva del término griego οἰκονομία *(oikonomía),* que es una combinación de οἶκος *(oikos),* que significa «casa» o «familia» y νέμω *(nemo),* que significa «gestionar» o «distribuir». Por tanto, originalmente, el término *oikonomía* hacía referencia a la gestión de la casa o de la administración doméstica. Esta idea incluía no solo la gestión de los recursos materiales, sino también el cuidado y el bienestar de la familia y de la comunidad. Con el paso del tiempo, el significado de «economía» se amplió para incluir la gestión de los recursos de una *polis* (ciudad estado) y, por último, de los recursos de naciones enteras y mundiales, pero manteniendo un vínculo con la idea original de organización y gestión consciente y sostenible de los recursos.

Del estudio etimológico del término «economía» surgen dos aspectos fundamentales: 1) la economía es, ante todo, cuestión de comunidad y de bienes comunes; 2) la economía nace del reconocimiento de que no podemos bastarnos a nosotros mismos.

Para gestionar óptimamente una casa, un hogar, los recursos deben ser compartidos y todos los miembros deben poder disfrutar plenamente de ellos. Una casa en la que las desigualdades entre los miembros sean demasiado marcadas está destinada al fracaso, esclava de los conflictos que inevitablemente surgirán. Además, en una casa, los rasgos específicos de cada miembro deben ser reconocidos y atendidos con esmero, atención y dedicación. Esto significa que, al igual que la economía doméstica se basa en la comprensión y el apoyo mutuo, estos valores deberían extenderse también a la economía a una mayor escala. De igual modo, una sociedad que gestiona bien tanto los bienes privados como los bienes comunes crea un entorno en el que los recursos se distribuyen equitativamente y todos pueden prosperar. Entendida en su sentido más auténtico, la economía conlleva, pues, una gestión equitativa y sostenible de los recursos, con una atención especial a las necesidades de todos sus miembros, especialmente de los más vulnerables.

El mercado, gran protagonista del escenario económico, nace de la necesidad de los individuos, pero tiene la capacidad de fortalecer la comunidad. Porque si no hubiera necesidades no satisfechas, no habría ningún incentivo para el comercio y la creación de mercados. En su más profunda esencia, la economía es, por tanto, un sistema de respuestas organizadas ante la fragilidad de los seres humanos y las diferentes formas de carencias. En una palabra: el mercado surge cuando se reconoce el hecho de que ninguno de nosotros es autosuficiente y el hecho de que las fragilidades individuales están en la base de la solidaridad y de la cooperación humana. Los mercados, incluso en su forma más competitiva, son en realidad redes de intercambio e interconexión que permiten que las comunidades se sustenten mutuamente y respondan colectivamente a las dificultades y los cambios, sobre todo los globales (véase, por ejemplo, el artículo de Buchan y otros)[54]. Asimismo, tal como muestran los resultados de Heinrich y cols.[55] y de Baldassarri[56], cuanto más participan las personas en los intercambios de mercado y más obligadas se ven a interactuar con personas desconocidas, más desarrollan su

---

54. Sobre este tema puede verse, por ejemplo, NANCY R. BUCHAN – GIANLUCA GRIMALDA – RICK WILSON – MARILYNN BREWER – ENRIQUE FATAS – MARGARET FODDY, «Globalization and human cooperation», en *Proceedings of the National Academy of Sciences* 11 (2009), pp. 4138-4142 (bit.ly/3zNHKEF).

55. JOSEPH HENRICH – JEAN ENSMINGER – RICHARD MCELREATH – ABIGAIL BARR – CLARK BARRETT – ALEXANDER BOLYANATZ – JUAN CAMILO CARDENAS – MICHAEL GURVEN – EDWINS GWAKO – NATALIE HENRICH – CAROLYN LESOROGOL – FRANK MARLOWE – DAVID TRACER – JOHN ZIKER, «Markets, religion, community size, and the Evolution of Fairness and Punishment», en *Science* 327 (2010), pp. 1480-1484.

56. DANIELE BALDASSARRI, «Market integration accounts for local variation in generalized altruism in a nationwide lost-letter experiment», en *Proceedings of the National Academy of Sciences* 6 (2020), pp. 2858-2863 (bit.ly/3zSirBv).

capacidad de comportarse de manera prosocial incluso con personas que no pertenecen al íntimo círculo de sus familiares y amigos. De este modo, la necesidad de participar en intercambios de mercado beneficiosos con extraños ha llevado a algunas sociedades a desarrollar el altruismo y normas de equidad para con desconocidos. En definitiva, como han puesto de manifiesto Bruni y Sudgen[57], las interacciones de mercado pueden basarse en una moralidad fraternal donde las partes interesadas persiguen el beneficio mutuo a través del compromiso mutuo, cuestionando la perspectiva tradicional que considera el mercado como un ámbito puramente egoísta y carente de ética. En una palabra, reconocer y gestionar las fragilidades y las necesidades de todos no solo alimenta la economía, sino que también puede fortalecer el entramado social y fomentar una distribución más equitativa de los recursos.

Podríamos entonces preguntarnos: si la economía *debería* ser el lugar donde se atienden las necesidades y las fragilidades, ¿qué papel desempeñan hoy las diferencias de sexo, entre hombres y mujeres, en este contexto?

---

57. Luigino Bruni – Robert Sugden, «Fraternity: why the market need not be a morally free zone», en *Economics and Philosophy* 1 (2008), pp. 35-64.

Las mujeres en la economía actual

Para abordar este tema me gustaría comenzar presentando algunos datos de manera sencilla y esquemática, aunque necesariamente reductiva. Dadas las limitaciones de espacio, me he visto obligada a escoger solo una parte. Me disculpo, pues, de antemano con quien me lee.

Comienzo con un dato que no es evidente: la relación entre las dimensiones de la población masculina y femenina en un lugar no es estable en el tiempo, sino que es, al contrario, modelado por fuerzas biológicas, sociales, tecnológicas, culturales y económicas. Esta relación influye en la sociedad y en la economía. Existen tres motivos principales que explican esta relación: los nacimientos, las defunciones y las migraciones. La proporción de sexos al nacer no es igual al 100%, como veremos más adelante. Existen además diferencias en las tasas de mortalidad y en la esperanza de vida entre los sexos. De media, las mujeres tienden a vivir más tiempo que los hombres. Por último, los modelos de inmigración y emigración pueden diferir según el sexo, influenciados por factores como los mercados laborales, los conflictos y otras condiciones socioeconómicas. El equilibrio de estos factores determina la proporción de sexos de la población total. La mayoría de los países hoy en día tiene una proporción femenina de la población que oscila entre el 49% y el 51%. Pero hay algunas excepciones notables. En varios países del sur y este de Asia, en particular en India y China, la proporción femenina de la población es significativamente menor, lo que arroja mayores diferencias en la proporción de sexos al nacimiento. Asimismo, en algunos países de Oriente Medio, como Omán, Emiratos Árabes Unidos y Arabia Saudita, la proporción masculina de la población es más elevada, debido con frecuencia a una mayor inmigración masculina. En Europa del Este, en cambio, se observa una proporción femenina de la población más alta, debido a diferencias más amplias en la esperanza de vida entre sexos, con tasas de mortalidad más elevadas entre los hombres adultos en comparación con las mujeres.

Centrémonos ahora en los primeros datos que he ofrecido: en algunos países del sur y este de Asia, en particular en India y China, la proporción femenina de la población es significativamente inferior a la masculina. Se trata de países donde hay mayores diferencias en la relación de género al nacer. Al nacer, las proporciones de sexos suelen ser superiores a 100, lo que indica una prevalencia de los varones en casi todos los países. En la mayor parte de los países hay unos 105 nacimientos de varones por cada 100 nacimientos de mujeres, lo que la Organización Mundial de la Salud (OMS) define como una relación entre sexos al nacimiento esperada: es decir que, en ausencia de discriminaciones de género, nacerían aproximadamente 105 varones por cada 100 mujeres. De hecho, hoy en día, la mayoría de los países reporta una proporción de sexos al nacer con una prevalencia masculina en torno a 105 varones por cada 100 mujeres esperadas. Sin embargo, según las estimaciones de Chao y cols. (2019)[58], en algunos países (Albania, Armenia, Azerbaiyán, China, Georgia, Hong Kong, India, Montenegro, Corea del Sur, Taiwán, Túnez y Vietnam), esta proporción ratio es significativamente más elevada y no puede explicarse únicamente por factores biológicos. Se trata de un fenómeno que describió y definió por primera vez Amartya Sen como la tragedia de las «mujeres desaparecidas», es decir, la diferencia de número entre mujeres y hombres provocada por discriminaciones de género, debido a la selección del sexo de los hijos al nacer o a discriminaciones que causan una mayor tasa de mortalidad infantil femenina. Esto sucede por diferentes razones, algunas de ellas profundamente arraigadas en las tradiciones patrilineales que establecen el legado de la herencia solo por vía masculina. Por citar una frase que me dijo una compañera india que trataba de explicarme por qué hoy en la India sigue habiendo

---

58. Fengqing Chao – Patrick Gerland – Alex R. Cook – Leontine Alkema, «Systematic assessment of the sex ratio at birth for all countries and estimation of national imbalances and regional reference levels», en *Proceedings of the National Academy of Sciences* 19 (2019), pp. 9303-9311 (bit.ly/3Wf1k45).

preferencia por los hijos varones: «Tener una hija significa regar toda la vida las plantas del vecino». Este marco cultural coloca a los varones en el centro de las estructuras familiares y sociales, lo que pone de relieve la arraigada preferencia por la prole masculina.

La cuestión de las «mujeres desaparecidas» es hoy relevante «únicamente» en doce países del mundo, y en cuarenta y un países los hijos varones y las hijas mujeres no tienen los mismos derechos de herencia. En otros cuarenta y tres países las viudas y los esposos varones no tienen los mismos derechos de herencia. Estos datos no son fruto de la fantasía, pueden consultarse online en la web del Banco Mundial[59].

Estas formas de discriminación son muy claras y nos dejan boquiabiertos, pero hay también otras formas de desigualdad (no necesariamente de *discriminación*) que son más sutiles, pero no por ello menos relevantes.

El *gender pay gap,* o diferencia salarial entre sexos, es un parámetro que pone de manifiesto la diferencia de salario (o retribución, o rédito) entre mujeres y hombres, que representa una medida de desigualdad que va más allá del concepto de igual salario por igual trabajo. Las diferencias salariales entre hombres y mujeres representan diferencias en todas las dimensiones posibles, incluyendo la formación de los trabajadores, su

---

59. genderdata.worldbank.org/en/home.

experiencia y su ocupación. Cuando el *gender pay gap* se calcula comparando a todos los trabajadores varones con todas las trabajadoras mujeres –independientemente de las diferencias que haya en estas otras dimensiones– el resultado es una diferencia salarial «bruta» o «no adecuada». Al contrario, cuando el *gap* se calcula teniendo en cuenta las diferencias solo en términos de formación, experiencia, etc., el resultado es el diferencial salarial «adecuado». Es importante observar que la discriminación en las prácticas de contratación puede existir aun en ausencia de diferencias salariales patentes. Por ejemplo, si las mujeres saben que están siendo tratadas de manera injusta, pueden optar por no participar en el mercado de trabajo, independientemente de la retribución que se les ofrezca. De igual modo pueden observarse amplias diferencias salariales incluso cuando no hay discriminación en la práctica de contratación si las mujeres aceptan voluntariamente labores peor retribuidas, lo que con frecuencia ocurre cuando necesitan flexibilidad para cumplir también con sus responsabilidades familiares.

A nivel internacional, los datos sobre el *gender pay gap* son incompletos. La Organización Internacional del Trabajo (OIT) de las Naciones Unidas proporciona una de las fuentes más completas en términos de cobertura[60]. En la actualidad, la OIT muestra que el *gender pay gap* se ha reducido en la mayoría de los países a lo largo de las últimas décadas, aunque sigue habiendo todavía diferencias significativas. En general el *gap* es positivo –las mujeres ganan menos que los hombres– y es menor en los países de renta media, lo que suele ser indicativo de una menor participación femenina en la población activa en lugar de una mayor igualdad salarial. En los países de renta alta, las características de los trabajos que suelen desempeñar las mujeres siguen siendo un factor clave que contribuye a que persistan las diferencias salariales entre hombres y mujeres. Finalmente, es evidente que, a escala mundial, las mujeres siguen realizando un número significativamente mayor de tareas no remuneradas de cuidado en el hogar que los hombres. Este fenómeno, junto con la sobrerrepresentación de las mujeres en sectores de baja remuneración porque necesitan flexibilidad para cumplir con responsabilidades familiares adicionales, contribuye significativamente a que se mantenga el *gender pay gap*.

La Premio Nobel Claudia Goldin presentó y debatió una prueba importante sobre este vínculo entre *gender pay gap* y flexibilidad laboral. En uno de sus artículos[61], Goldin analiza detalladamente los datos de Estados

---

60. www.ilo.org/data-and-statistics.

61. CLAUDIA GOLDIN, «*A Grand Gender Convergence: Its Last Chapter*», en *American Economic Review* 4 (2014), pp. 1091-1119 (bit.ly/4c3x-eql).

Unidos y revela que las mujeres suelen escoger de forma desproporcionada los trabajos, incluso a tiempo completo, que son compatibles con el cuidado de los hijos y otras responsabilidades familiares. Dicho con otras palabras: a las mujeres se les pide con mayor frecuencia flexibilidad horaria en sus funciones laborales. Estas posiciones se caracterizan por menores ingresos por hora, aunque el número total de horas sea similar.

Estrechamente vinculado a la flexibilidad laboral y a las opciones laborales está el tema de las interrupciones laborales relacionadas con la maternidad o con la llamada *motherhood penalty,* es decir, la reducción de los ingresos tras el nacimiento de los hijos.

Lundborg, Plug y Rasmussen[62] ofrecen pruebas tangibles de la *motherhood penalty* en Dinamarca, concentrándose en mujeres que han recurrido a técnicas médicas de reproducción asistida. Los investigadores constataron que las mujeres que lograron concebir con la fecundación *in vitro* registraron ingresos inferiores a largo plazo en comparación con las mujeres que, lamentablemente, no consiguieron concebir. Lundborg, Plug y Rasmussen resumen así los resultados obtenidos:

---

62. PETTER LUNDBORG – ERIK PLUG – ASTRID WURTZ RASMUSSEN, *Can Women Have Children and a Career? IV Evidence from IVF Treatments*, en *American Economic Review* 6 (2017), pp. 1611-1637 (bit. ly/3YnspEZ).

Las mujeres que concibieron gracias a la fecundación *in vitro* ganaron menos de manera sostenida debido a su maternidad. El descenso de sus ingresos anuales se explica por el hecho de que estas mujeres tienden a trabajar menos cuando sus hijos son pequeños y cobran menos cuando sus hijos crecen. Además, el descenso de los ingresos por hora, conocido comúnmente como penalización por maternidad, se debe a que las mujeres suelen aceptar empleos peor pagados si están más cerca de casa.

Trabajo, cuidado y vocación en la Iglesia

Según Lucetta Scaraffia[63], es sumamente difícil cuantificar con precisión el número de mujeres y de hombres que trabajan en la Iglesia y para la Iglesia. Esta complejidad deriva del hecho de que el trabajo en las instituciones católicas está estrechamente vinculado al concepto de «vocación» o «misión», que se convierte fácilmente en gratuidad para ambos sexos. En las parroquias y en las instituciones eclesiales hay múltiples formas de trabajo voluntario: quien limpia las instalaciones, quien organiza actividades para los niños durante los meses de verano, quien enseña el catecismo. Este trabajo gratuito, que a veces requiere incluso una

---

63. Lucetta Scaraffia, «Il lavoro delle donne nella Chiesa», en *Lavoro diritti Europa* 3 (2019) (bit.ly/3WHLFvR).

contribución económica por parte de las personas que lo realizan, es esencial para mantener vivas las instituciones eclesiales. Un ejemplo es la compra de flores para adornar las iglesias, que suele ser un gasto asumido directamente por los voluntarios. Este trabajo «gratuito» reaviva y fortalece la vida de las instituciones eclesiales, pero debe hacerse un discurso diferente en el caso del pago del trabajo que se realiza para las instituciones eclesiales, que suele ser inferior al que se realiza en las instituciones laicas, dado que se considera como una extensión de la vocación de los colaboradores. Este fenómeno no es nuevo para la ciencia económica[64]. Podemos tomar como ejemplo a Anthony Heyes[65].

Heyes analizó un sector de alto contenido «vocacional», el del cuidado de enfermería, aplicando simplemente principios económicos básicos para responder a una pregunta: ¿cuánto debemos pagar por las vocaciones? Heyes observó que quien no tiene una fuerte motivación intrínseca opta por dedicarse a la enfermería si no tiene alternativas de mejor salario. En cambio,

---

64. Desarrollé el tema de las vocaciones como concepto económico en la voz «Vocaciones» del libro de PLINIO LIMATA y STEFANO ROZZONI, *The Economy of Francesco. Un glossario per riparare il linguaggio dell'economia*, publicado en Città Nuova en el año 2022.

65. ANTHONY HEYES, «The economics of vocation or "why is a badly paid nurse a good nurse"?», en *Journal of Health Economics* 24/3 (2005), pp. 561-569.

quien vive la profesión como una vocación considera que el salario es el beneficio que se deriva de seguir su propia vocación. Según esta perspectiva, si se aumentara el salario de los enfermeros aumentaría también el número de personas dispuestas a dedicarse a esta profesión. Pero disminuiría la cuota de personas que lo hacen por vocación, lo que reduciría la calidad media del servicio, porque se supone que los enfermeros de vocación ofrecen un cuidado de mayor calidad.

La lógica de esta perspectiva sugiere que para tener buenos enfermeros habría que pagarles menos, para así seleccionar únicamente a aquellas personas dispuestas a sacrificarse por una vocación más elevada. Sin embargo, si la vocación es un asunto serio –y lo es– y si repercute externamente en la sociedad, mejorando el servicio público, por ejemplo, entonces la respuesta a cómo «seleccionar vocaciones» y qué cantidad sería «justo pagar por ellas» requiere un enfoque más complejo respecto a la simple idea de pagar menos. En la actualidad en las instituciones eclesiásticas, como en las profesiones sanitarias, parece que todavía prevalece la opción de Heyes: pagar menos por las vocaciones. En el Sínodo surgió con fuerza la solicitud de afrontar la cuestión de la adecuada compensación por las vocaciones. En el *Informe de síntesis* de la primera sesión de la XVI Asamblea general ordinaria del Sínodo de los Obispos (4-29 de octubre de 2023) leemos: «Que se afronten y resuelvan los casos de discriminación laboral y de inicua remuneración al interno de la Iglesia, en particular en lo concerniente a las consagradas que, con mucha frecuencia, son consideradas como mano de obra barata».

Reconocer y valorar adecuadamente el trabajo en las instituciones eclesiales y en particular el que desarrollan las personas consagradas no solo responde a una exigencia de justicia, sino que contribuye también al fortalecimiento de la comunidad eclesial y al bien común. Tratar con equidad a las personas consagradas aporta beneficios a toda la comunidad. Las personas consagradas representan un ejemplo tangible de servicio al prójimo, encarnando los valores cristianos de amor, entrega y servicio abnegado. El trabajo de las personas consagradas es de un valor inestimable. Garantizar la justicia económica y fomentar su respeto son pasos fundamentales para una Iglesia más equitativa, inclusiva y fiel a su misión de servicio y de amor por todos.

Frágiles, no fragilizadas

Las necesidades individuales y la incapacidad de bastarse a uno mismo son fundamentales para la creación de un mercado y desempeñan un papel crucial en la economía, sobre todo cuando se adopta una definición que respeta la etimología original del término. No obstante, la fragilización de las mujeres en la economía es otra historia. Las dinámicas económicas y sociales actuales aumentan las desigualdades entre sexos, y reflejan y perpetúan las fragilidades individuales. A pesar de los importantes avances hacia la igualdad de sexos en los siglos XX y XXI, las mujeres siguen sufriendo desigualdades salariales, discriminaciones ocupacionales y una sobrerrepresentación en sectores de bajas retribuciones y poco seguros.

Las políticas públicas y empresariales pueden mitigar esta fragilidad implementando políticas laborales flexibles y eliminando las diferencias salariales entre sexos. Invertir en educación y formación específica puede reducir la brecha de género en el acceso y el éxito en las carreras profesionales, contribuyendo a una economía más inclusiva. Pero estos instrumentos no pueden considerarse soluciones absolutas, sobre todo cuando delegan en el mercado, y solo en el mercado, las actividades del cuidado, promoviendo la imagen irreal de una mujer que puede hacerlo todo: tener hijos, trabajar al cien por cien, alcanzar el éxito, mantener un físico envidiable y una sonrisa deslumbrante. Esta idea es fuente de frustración y de dolor silencioso, visible en las sociedades más ricas y que no podrá evitar extenderse si el desarrollo económico no coloca en el centro las relaciones y el florecimiento humano.

Una madre que trabaja es frágil, pero no por eso es menos rica. Está cansada, pero no por eso es menos eficaz y eficiente. Necesita ayuda, una red de apoyo, un exoesqueleto que le permita no perder la sonrisa. Y lo necesita por ella misma y para sus hijos. Si este exoesqueleto no se crea pronto, las políticas de ayuda a la maternidad no serán suficientes: si las estimaciones actuales siguen siendo válidas, en el año 2064 habrá menos nacimientos que fallecimientos. El sistema económico colapsará a causa del descenso demográfico. La intensidad de ese descenso dependerá de nuestra capacidad, hoy, de cambiar la economía y el mercado para que esté a la medida de las mujeres y, por tanto, de los niños.

Sugiero partir de un elogio de la fragilidad. Dejemos de plantear una imagen idealizada de la mujer. Comencemos a reconocer que la fragilidad puede ser una oportunidad. La Iglesia puede contribuir enormemente a promover una imagen auténtica de la mujer, realzando su belleza y su valor sin recurrir a ideales irreales y estereotipados. Exponer la fragilidad es el gran tabú de la contemporaneidad, pero reconocerlo es el primer paso para ocuparse de ello.

La Iglesia debería retratar a las mujeres como individuos con una rica variedad de experiencias humanas y emocionales, respetando su autonomía y su capacidad para tomar decisiones importantes en su vida espiritual, familiar y social. Podría celebrar la variedad de vocaciones y funciones que las mujeres desempeñan: como líderes de la comunidad, madres, profesionales, educadoras, y muchas otras funciones importantes, reconociendo que la realización personal y espiritual de las mujeres puede manifestarse de diferentes modos, todos valiosos para la comunidad eclesial y fuera de ella.

Este objetivo solo se alcanzará si se reequilibran trabajo y cuidado como responsabilidades compartidas. La mujer no es la única encargada del cuidado y de lo bello. La mujer, junto con el hombre, es encargada de la vida, de la tierra, del futuro. La Iglesia debería fomentar la idea de que trabajo y cuidado son esenciales y complementarios en la vida de todo individuo, independientemente de su sexo, de la comunidad a la que pertenezca y de su vocación. Esto implica reconocer que tanto hombres como mujeres tienen responsabilidades en el mundo laboral y en el cuidado de las personas y de las comunidades. Significa también reconocer la importante contribución de las mujeres en el mundo laboral y en el cuidado, apoyando sus aspiraciones profesionales y personales sin discriminaciones. Al mismo tiempo, valorar el trabajo de cuidado que desarrollan los hombres, rompiendo con los estereotipos tradicionales que restringen su participación en este ámbito, y apoyar y promover un modelo de familia en el que el trabajo del cuidado se comparta de manera equitativa. Asimismo, significa valorar de igual manera el trabajo de las personas consagradas y de los laicos en la Iglesia. La Iglesia podría incorporar estos principios en sus enseñanzas y en sus prácticas pastorales, educando a las familias y a las comunidades en la responsabilidad compartida de cuidar unos de otros. Este enfoque no solo respondería a una exigencia de justicia, sino que además fortalecería la comunidad eclesial y el bien común, promoviendo un futuro más equitativo e inclusivo para todos.

Concluyo con un comentario que es también un agradecimiento. Mi participación en los trabajos del C9, por lo que me siento profundamente agradecida, ha sido posible gracias al apoyo de mi marido, que ha querido regalarme su tiempo y se ha hecho cargo de nuestros dos hijos mayores mientras yo estaba en Roma. Fue posible también por el hecho de que he podido traerme a mi hijo más pequeño, de apenas dos meses, gracias a la presencia de mi cuñado, sacerdote, que también ha querido regalarme un día entero ofreciéndose a cuidar de su sobrinito. Me considero una mujer afortunada porque tengo quien comparta el tiempo del cuidado conmigo, dándome la oportunidad de ser otra cosa en la vida aparte de madre. Nunca he merecido toda esta gratuidad. Estoy muy agradecida por ella, pero me gustaría que muchas otras mujeres en el mundo pudieran sentirse agradecidas como yo lo estoy hoy. El mundo se beneficiaría de ello, porque tendría a su disposición muchos talentos que hoy día se han dejado de lado o escondidos bajo tierra.

No debemos tener miedo de gritarlo en nuestro interior, hombres y mujeres, que son nuestras fragilidades, nuestras ojeras, nuestros nervios, nuestros «no puedo más», nuestros «no me lo merezco», lo que nos permite salir de nosotros mismos para reconocer que necesitamos de los demás, que nos hacen crear mercados en los que el encuentro genera, vivifica y hace crecer, hace florecer… vidas, esperanzas, futuro. Un futuro de acogida de la vida, de cada vida, y de su desbordante resplandor.

EL PODER LEGÍTIMO EN UNA IGLESIA DE MUJERES Y HOMBRES

Donata Horak

¿El derecho canónico sostiene y promueve la vida de las mujeres en la Iglesia o constituye su principal impedimento?

Es una pregunta impertinente, pero quien se ocupa del derecho se topa a menudo con la alegación de que la Iglesia, sin las leyes canónicas, sería más evangélica; en otras palabras, tras la coherencia formal de las normas, se ocultaría un ordenamiento a la medida de los hombres y para la defensa de sus privilegios, dentro de un sistema cerrado a lo concreto de la vida: *summum ius, summa iniuria,* decían los romanos.

Desde el Sínodo universal ha surgido la petición de poner en marcha un estudio preliminar para proceder a la revisión de los códigos de derecho canónico[66].

---

66. «Parece llegado el momento de una revisión del Código de Derecho Canónico y del Código de las Iglesias Orientales. Póngase en marcha, por tanto, un estudio preliminar»: *Informe de síntesis de la XVI Asamblea general ordinaria del Sínodo de los Obispos, Primera sesión, 4-29 de octubre de 2023, Ciudad del Vaticano y resultados de las vocaciones, 28 de octubre de 2023,* Parte I: El rostro de la Iglesia sinodal, n. 1, letra R.

¿Estaremos a la altura de la tarea? En este «cambio de época»[67] no bastará con hacer revisiones parciales de los códigos, manteniendo intacto su implantación sistemática; es preciso un cambio radical de paradigma[68] que fortalezca el derecho canónico del tercer milenio con la mejor tradición jurídica eclesiástica.

A lo largo de la historia, el ordenamiento canónico se ha caracterizado por ciertos «rasgos típicos» que lo diferenciaban de los ordenamientos mundanos: la centralidad de la persona, la dinamicidad, la prevalencia de la participación consciente de los sujetos por encima de la obediencia sumisa, la flexibilidad de interpretación, el principio de economía-dispensa, la dialéctica entre

---

67. «No estamos viviendo simplemente una época de cambios, sino un cambio de época. Por tanto, estamos en uno de esos momentos en que los cambios no son más lineales, sino de profunda transformación; constituyen elecciones que transforman velozmente el modo de vivir, de interactuar, de comunicar y elaborar el pensamiento, de relacionarse entre las generaciones humanas, y de comprender y vivir la fe y la ciencia. A menudo sucede que se vive el cambio limitándose a usar un nuevo vestuario, y después en realidad se queda como era antes. Recuerdo la expresión enigmática, que se lee en una famosa novela italiana: "Si queremos que todo siga como está, es preciso que todo cambie" (en *Il Gattopardo* de Giuseppe Tomasi di Lampedusa). La actitud sana es, más bien, la de dejarse interrogar por los desafíos del tiempo presente y comprenderlos con las virtudes del discernimiento, de la *parresía* y de la *hypomoné*. El cambio, en este caso, asumiría otro aspecto: de elemento de contorno, de contexto o de pretexto, de paisaje externo… se volvería cada vez más humano, y también más cristiano. Sería siempre un cambio externo, pero realizado a partir del centro mismo del hombre, es decir, una conversión antropológica» (Discurso del Santo Padre Francisco a la curia romana con motivo de las felicitaciones navideñas, 21 de diciembre de 2019).

68. Cf Carlo Fantappie, *Per un cambio di paradigma. Diritto canonico, teologia e riforme nella Chiesa*, EDB, Bolonia 2019.

derecho humano y derecho divino como principio vital[69] que cuestiona constantemente el ordenamiento para hacerlo progresar hacia una más plena comprensión del Evangelio, que es la constitución viva de la Iglesia[70].

A comienzos del presente siglo la opción de la codificación[71] provocó una censura en la tradición, haciendo asumir a las leyes de la Iglesia el modelo del derecho estatutario moderno: sistemático, no contradictorio, global y abstracto. La ciencia canónica se ha centrado

---

69. SALVATORE BERLINGO, *Diritto canonico*, Giappichelli, Turín 1995, pp. 32-58.

70. Cf JUAN PABLO II, Discurso para la presentación oficial del nuevo Código de derecho canónico, 3 de febrero de 1983, n. 9.

71. Durante el Concilio Vaticano II se habían puesto de manifiesto algunas dificultades en la consulta de las fuentes del derecho universal, recopiladas después del Concilio de Trento en el *Corpus Iuris Canonici*, y el debate sobre la necesidad de un cambio de paradigma continuó hasta 1904, cuando Pío X, con el *motu proprio «Arduum sane munus»*, decidió elaborar un código moderno. El *Corpus* canónico de las antiguas *collectiones* seguía un método de estratificación más que de síntesis. Con este planteamiento, la recopilación de las fuentes del derecho resultaba contradictoria y un tanto tediosa, pero obligaba al exegeta a buscar la solución más adecuada a través de una interpretación creativa, generativa, a la escucha de la vida, vibrante e imprevisible, en constante evolución. El *Corpus* reunía obras de diverso valor jurídico (desde las decretales pontificias hasta obras personales), producidas entre los siglos XII y XVI, que a su vez contenían decretales y leyes más antiguas, extraídas de fuentes no siempre perfectamente jerarquizadas y que no siempre eran exclusivamente cristianas (por ejemplo, en la *Concordia* de Graciano el derecho romano es fuente del derecho canónico). El principio jurídico que había que aplicar debía deducirse de los casos previamente examinados, por lo que se trataba de un derecho sapiencial-jurisprudencial, muy alejado de la abstracción introducida por los códigos a partir de 1917.

siempre en la exégesis del código, interrumpiendo la tradicional relación creativa, triádica y circular con la teología y con el discernimiento comunitario[72].

Para responder a la invitación que procede del Sínodo, debemos resituar el derecho en el corazón de la vida eclesial, a partir de las exigencias de la justicia que brotan en las vidas concretas de las mujeres y los hombres. Formalmente, tras la necesaria y reciente

---

72. Para recuperar la dimensión sapiencial del derecho canónico, es necesario restablecer la relación adecuada con el *sensus fidei fidelium*. A comienzos del siglo XIX se invirtió el orden tradicional, según el cual la ley deriva del discernimiento de la Iglesia, que de su depósito de cánones, decretos, decretales y sentencias extraía la solución que parecía más adecuada desde una perspectiva evangélica. El derecho codificado, con su lenguaje predictivo y autoritario, se impuso sobre el *sensus fidei fidelium*. Algo similar ocurrió con la inversión entre teología y magisterio: en la segunda mitad del siglo pasado, en un ambiente cultural transformado, contrario a los aspectos institucionales y que tendía incluso a prescindir de los códigos de derecho canónico, el magisterio, con su lenguaje convincente y parenético, ocupó el lugar de la teología, adoptando un papel tranquilizador y determinante en cuanto a los contenidos, las conclusiones y los límites dentro de los cuales debía moverse el pensamiento teológico católico. De este modo se produjo una discontinuidad respecto a la tradición de intervenciones magisteriales *in negativo* («Si quis dixerit… anathema sit»), que fue sustituida por una copiosa producción, completa y global de documentos pontificales y emanados de los dicasterios de la Curia romana. La Constitución *Veritatis gaudium* (29 de enero de 2018) puso en orden la secuencia: «Desde el *sensus fidei fidelium* hasta el magisterio de los Pastores, desde el carisma de los profetas hasta el de los doctores y teólogos» (n. 3). A esta cadena deberíamos añadir un último eslabón: el derecho, que ha conseguido dar concreción institucional a las adquisiciones del discernimiento comunitario, avaladas por la investigación teológica, confirmadas por un magisterio que no ocupa el lugar de la investigación, sino que garantiza sus condiciones de catolicidad y comunión. Un derecho vivo al servicio de las relaciones eclesiales adecuadas debe mantenerse en constante relación con la teología, en una relación de circularidad hermenéutica. De lo contrario la teología sería tan solo exégesis del magisterio y la ciencia canónica exégesis del Código.

eliminación de la reserva masculina de los ministerios instituidos[73], en el Código no hay discriminación por sexo; la única reserva masculina coincide con la posibilidad de recibir el sacramento del orden en todos sus grados, mientras que en el estado laical no hay nada que una mujer no pueda hacer en igualdad de condiciones que un hombre. Precisamente es en esta neutralidad donde se comete la injusticia: si el sistema sigue perpetuando formas injustificadas de exclusión de poderes, cargos y ministerios en función del sacramento del orden, todas las mujeres en la Iglesia se volverán realmente invisibles. El ordenamiento no ha incorporado completamente aún la eclesiología conciliar, fundada sobre la participación del pueblo de Dios en los *tria munera Christi*[74]; la resistencia del modelo de una *societas perfecta* fundada en la desigualdad se apoya en dispositivos que hacen estática la estructura de poderes y funciones. En la reflexión que sigue, se destacan algunas parejas de principios opuestos que, al igual que las

---

73. El canon 230 § 1 del Código de derecho canónico (de ahora en adelante CIC) dice: «Los laicos de sexo masculino que tengan la edad y condiciones determinadas por decreto de la Conferencia Episcopal, pueden ser llamados para el ministerio estable de lector y acólito». Con la Carta apostólica *Spiritus Domini* (10 de enero de 2021), el papa Francisco renovó el canon 230 eliminando la expresión «de sexo masculino». Pero es increíble que en el ordenamiento se haya permitido durante treinta y ocho años una norma tan ilógica, que incluía una discriminación entre hombres y mujeres en los ministerios fundamentados en un mismo bautismo.

74. Cf SIMONA SEGOLONI RUTA, «*Actuosa participatio*. Riformare la Chiesa ripensando le relazioni a partire dal Vaticano II», en *Convivium* 2 (2020), pp. 115-176.

fallas de la corteza terrestre, garantizan un cierto orden mientras permanecen en tensión estática. Este orden se basa en el supuesto de que nada se mueve; en cuanto se produce un cambio en uno de los dos, el sistema se desestabiliza. *De iure condendo,* debemos adoptar un paradigma hermenéutico y dinámico para superar estas antinomias dualistas y recuperar la flexibilidad que es un rasgo característico del ordenamiento canónico.

Poder/servicio

En el ámbito canónico existe un cierto pudor a la hora de usar el término «poder», de ahí que algunos prefieran hablar de *potestas,* para alejarse a nivel terminológico del poder mundano que se establece en la sociedad civil. Esta predisposición espiritualizante tiende a exaltar el valor de la diaconía, pero luego se resiste a cualquier reforma del actual orden de poderes, que están hoy vinculados a una determinada configuración de los ministerios, reservados a los hombres[75]. Hemos

---

75. «Cada vez que hemos intentado suplantar, acallar, ignorar, reducir a pequeñas élites al Pueblo de Dios construimos comunidades, planes, acentuaciones teológicas, espiritualidades y estructuras sin raíces, sin memoria, sin rostro, sin cuerpo, en definitiva, sin vida. Esto se manifiesta con claridad en una manera anómala de entender la autoridad en la Iglesia –tan común en muchas comunidades en las que se han dado las conductas de abuso sexual, de poder y de conciencia– como es el clericalismo, esa actitud que "no solo anula la personalidad de los cristianos, sino que tiene una tendencia a disminuir y desvalorizar la gracia bautismal que el Espíritu Santo puso en el corazón de nuestra gente"» (Carta al cardenal Marc Ouellet, 19 de marzo de 2016, en Francisco, *Carta al pueblo de Dios,* 20 de agosto de 2018, n. 2).

de recuperar la reflexión sobre los poderes con *parresía,* sin falsos pudores, para restablecer relaciones eclesiales justas. La petición de las mujeres de participar en la responsabilidad y en el ejercicio de los poderes vinculados a los cargos eclesiásticos se juzga con moralismo por parte de quien ostenta el poder, o se escucha con paternalismo, como cuando se exaltan las superiores y más refinadas capacidades femeninas en la gestión de tareas de responsabilidad que se les encargan graciosamente.

Sobre el tema del poder el Código revela la confrontación existente entre dos paradigmas eclesiológicos: por un lado, la Iglesia comunión, pueblo de Dios; por otro, la Iglesia *societas inaequalis,* fundada en la separación entre categorías de fieles[76]. Por su parte, la doctrina está dividida en dos interpretaciones opuestas sobre el origen de la *potestas:* hay quienes consideran que todos los poderes derivan exclusivamente del sacramento del orden; mientras que otros consideran que emanan de una doble fuente: la

---

76. En el mismo Código leemos: «En el ejercicio de dicha potestad, los fieles laicos pueden cooperar a tenor del derecho» (can. 129 § 2), pero que «solo los clérigos pueden obtener oficios para cuyo ejercicio se requiera la potestad de orden o la potestad de régimen eclesiástico» (can. 274 § 1), y asimismo que «Los laicos que sean considerados idóneos tienen capacidad de ser llamados por los sagrados Pastores para aquellos oficios eclesiásticos y encargos […] según las prescripciones del derecho» (can. 228 § 1).

ordenación o la misión canónica[77], siendo esta última, además, siempre necesaria, incluso cuando hay que hacer *ad actum expedita* la *potestas* recibida por vía sacramental[78].

¿Quién tiene razón? Del análisis sistemático del ordenamiento se desprende que hay casos en los que el poder se atribuye independientemente de que se haya recibido el sacramento del orden. El ejemplo más visible es el cargo de juez, que ha evolucionado desde su reserva exclusiva al clero. El *motu proprio «Causas matrimoniales»,* en 1971, introdujo la posibilidad de que hubiera un juez laico, aunque únicamente de sexo masculino (una decisión que carece de fundamento lógico). Posteriormente, el canon 1421, § 2 del CIC

---

77. Cf ADRIANO CELEGHIN, *Origine e natura della potestà sacra. Posizioni postconciliari*, Morcelliana, Brescia 1987; ANDREA GRILLO – DONATA HORAK, *Le istituzioni ecclesiali alla prova del genere. Liturgia, sacramenti e diritto,* San Paolo, Milán 2019, pp. 88-98.

78. Porque la ordenación no transmite un poder de gobierno que pueda ejercerse de inmediato *(potestas ad actum expedita),* sino simplemente los *munera,* es decir, una participación ontológica en los oficios. «Con toda intención se ha usado la palabra oficios *(munerum),* y no potestad *(potestatum),* porque esta última palabra podría entenderse de potestad *(ad actum expedita)* libre para el ejercicio. Mas para que se tenga esa libre potestad debe añadirse la canónica o jurídica determinación *(iuridica determinatio)* por parte de la autoridad jerárquica» (CONCILIO ECUMÉNICO VATICANO II, *Nota explicativa previa* de la Constitución dogmática *Lumen gentium* sobre la Iglesia, 16 de noviembre de 1964, n. 2). También las personas ordenadas, para poder ejercer efectivamente los poderes vinculados a su función, deben esperar la determinación canónica que se realiza mediante un acto administrativo.

1983[79] permitió que laicos y laicas ocuparan el cargo de juez en el tribunal, aunque siempre en minoría y con la autorización previa de la Conferencia Episcopal. Parte de la doctrina siguió rechazando que el miembro laico del colegio ostentara la titularidad de potestad judicial[80] hasta la reforma del proceso en materia matrimonial de 2015, que estableció que los jueces no ordenados, mujeres u hombres, podrían llegar incluso a ser mayoría en el tribunal, siempre que este estuviera presidido por un clérigo[81]. Ya no caben dudas sobre la titularidad del poder judicial por parte de una persona no ordenada[82]. Con la reciente reforma de la Curia

---

79. «Can. 1421 – §1. El Obispo debe nombrar en la diócesis jueces diocesanos, que sean clérigos. §2. La Conferencia Episcopal puede permitir que también los laicos sean nombrados jueces, uno de los cuales, en caso de necesidad, puede integrar el tribunal colegiado. §3. Los jueces han de ser de buena fama, doctores o al menos licenciados en derecho canónico».

80. Va desde quien niega absolutamente la titularidad del poder judicial como cargo a un miembro laico del colegio, cuyo papel se reduce a mero consultor de los «verdaderos» jueces, a quien afirma que el juez no ordenado ejerce los poderes adscritos a su cargo solo cuando el colegio emite una sentencia declaratoria, mientras que tendría un papel meramente consultivo en la formación de una sentencia constitutiva.

81. El *motu proprio «Mitis Iudex Dominus Iesus»* (15 de agosto de 2015) recoge el renovado canon 1673 del CIC, que en el párrafo 3 dice: «Las causas de nulidad de matrimonio se reservan a un colegio de tres jueces. Este debe ser presidido por un juez clérigo, los demás jueces pueden ser también laicos».

82. El caso del juez no es el único en el que una potestad de gobierno independiente de la potestad de orden está unida al oficio conferido a un laico. Tomemos como ejemplo el oficio de ecónomo diocesano, elegido entre personas (mujeres u hombres) expertas en economía y que se distinguen especialmente por su honestidad (can. 494),

romana se han superado definitivamente las resistencias, pues se afirma que «cualquier fiel puede presidir un dicasterio o un organismo, teniendo en cuenta la particular competencia, potestad de gobierno y función de estos últimos»[83].

En definitiva, hoy ya no puede sostenerse que la ordenación sea la única fuente de toda *potestas* en la Iglesia. Aún tenemos que preguntarnos si podemos considerar válida la teoría de la doble fuente, según la cual quien no es clérigo recibe la *potestas* simplemente a través de un acto administrativo. Si así fuera, el poder en la Iglesia seguiría la misma lógica de la sociedad mundana, y los criterios para elegir personas titulares de cargos eclesiásticos serían exclusivamente su competencia, su eficiencia y su habilidad. En la Iglesia no puede existir un poder que no reciba su forma de la celebración de los sacramentos. La iniciación cristiana es la fuente de la habilitación básica de toda persona

---

independientemente de su estado de vida y de su sexo. Además de desempeñar cargos eclesiásticos en la curia diocesana, los laicos, tanto mujeres como hombres, pueden ser encargados del cuidado pastoral de una parroquia, según el canon 517, § 2, bajo la dirección de un párroco no residente, que en este caso ejercería sus principales poderes y facultades, derivados del sacramento del orden (presidir la Eucaristía, garantizar la plena comunión con el obispo), pero compartiría la responsabilidad administrativa y pastoral con otras personas, laicas o religiosas, o pequeños grupos, manifestación de una ministerialidad compartida y generalizada.

83. Francisco, Constitución apostólica *Praedicate Evangelium* sobre la Curia romana y su servicio a la Iglesia en el mundo, 19 de marzo de 2022, parte II, n. 5.

bautizada para ejercer el *munus regendi,* para servir en la Iglesia también en oficios y cargos de poder.

Las contraposiciones doctrinales sobre el origen y la naturaleza de la *potestas* no encontrarán solución mientras se permanezca en la perspectiva individualista de los estados de vida separados, según la cual hay quienes tienen un poder sagrado al que está vinculado todo el poder de gobierno, y hay otros que siempre están excluidos de él; en cambio, en la dimensión eclesial, los *munera* (de todos, mujeres y hombres) y los oficios/poderes (de algunos, hombres y mujeres) se combinan para realizar la misión común del pueblo de Dios.

Consultivo/deliberativo

Desde esta perspectiva eclesiológico-sinodal, el poder deliberativo debería ser distribuido de forma variada y ser compartido. El poder «consultivo eclesial»[84] es muy valioso porque facilita la *receptio legis,* genera participación y comunión, pero no puede oponerse estrictamente al poder deliberativo, ni ser siempre prerrogativa de los mismos individuos. Mientras a los

---

84. Francesco Coccopalmerio, *Sinodalità ecclesiale «a responsabilità limitata» o dal consultivo al deliberativo?*, Libreria Editrice Vaticana, Ciudad del Vaticano 2021; Alphonse Borras, «Soltanto consultivo? Sul valore del consigliare nella Chiesa», en *La Rivista del Clero Italiano* 5 (2016), pp. 377-393; Giacomo Canobbio, *Un nuovo volto della Chiesa? Teologia del Sinodo*, Morcelliana, Brescia 2023, pp. 172-174.

fieles, hombres y mujeres, se les haga permanecer en una especie de estado de infantilismo, no podrá desarrollarse una Iglesia realmente sinodal, donde individuos diferentes por su vocación y sus competencias, dependiendo de la materia, sean investidos de diversa autoridad para ejercer su función en organismos sinodales inéditos y ampliamente representativos de todos los componentes del pueblo de Dios y a través de procesos deliberativos que equilibren la prevalencia de la *maior pars* (método democrático) con el criterio de la prevalencia de la *sanior pars,* en una corresponsabilidad asimétrica que establece que se recurra a una autoridad más competente o más sabia cuando la base no alcance un consenso compartido en comunión.

A partir de estos pocos indicios, se comprende que la superación de la polaridad deliberativo/consultivo requiera una visión compleja y no dicotómica, evitando la rígida oposición entre dos alternativas: democracia o monarquía.

Antiguamente, la crítica a la democracia era inherente a la eclesiología de la *societas perfecta inaequalium,* una sociedad perfecta en el sentido de que era autosuficiente y se basaba en la desigualdad de sus miembros; por ello, el Código de 1917 definía como «súbditos» a los bautizados y bautizadas que no estaban investidos del estado clerical (expresión que, lamentablemente, aún encontramos en numerosos cánones del Código vigente).

La renovación eclesiológica conciliar y la introducción de nuevos organismos de participación y corresponsabilidad deberían haber alcanzado una mejor recepción del método democrático, pero no fue así. En 1972 se publicó un artículo de Eugenio Corecco con un título verdaderamente incisivo: *¿Parlamento eclesial o diaconía sinodal?*[85]. El autor prevenía frente a la transformación de los nuevos organismos de participación en «parlamentos»; en realidad, el principio de igualdad que introdujo el Código posconciliar (can. 208) no implica que todos los individuos estén en el mismo plano, según la lógica del «uno vale uno»[86]. Los sínodos, los concilios particulares, los consejos y todos los

---

85. El análisis de Corecco partía de la constatación de una crisis de poder: «La crisis de quien tiene miedo de perder el poder confundiendo este con la acumulación de todas las competencias, o la crisis de quien ha creído poder acceder al poder y se ha dado cuenta de que no ha podido ni lo podrá alcanzar» (cf Eugenio Corecco, «Parlamento ecclesiale o diaconia sinodale?», en *Communio* 1 [1972], pp. 32-44).

86. Desde la perspectiva de los autores que reconocen estar en esta postura crítica, «la crisis de identidad de los organismos participativos deriva de una concepción mundana del poder, basada en la constatación de que existe un conflicto de intereses entre súbditos y gobernantes, conflicto que debe componerse de manera más eficaz, es decir –según la experiencia estatal que se ha impuesto en nuestra área cultural– democráticamente. La transposición a nivel eclesial de dicha concepción del poder lleva a interpretar la diferencia de "estatus" entre los miembros del pueblo de Dios como una injusticia que se debe eliminar o un privilegio que hay que defender» (Donata Horak, *Potere e corresponsabilità negli studi di Eugenio Corecco*, en Juan Ignacio Arrieta – Gian Piero Milano [eds.], *Metodo, fonti e soggetti del diritto canonico*, Libreria Editrice Vaticana, Ciudad del Vaticano 1999, p. 253).

organismos de participación y corresponsabilidad no pueden plegarse a una lógica de división partidista, de representación de grupos de interés o *lobbies* que tengan como objetivo la toma del poder y la exclusión de las minorías. Un modelo así estaría en abierta contradicción en una sociedad como la Iglesia, que se funda en la comunión, garantizada precisamente por la presencia de personas, los obispos, que no podrían nunca delegar su responsabilidad a una mayoría.

Sin embargo, tras la afirmación categórica «la Iglesia no es una democracia» hay un prejuicio negativo sobre las dinámicas democráticas[87], reducidas al conflicto entre mayoría y minoría, llevado a cabo por individuos investidos del mandato de representar y hacer prevalecer los intereses de una parte mediante la derrota de la oposición. La democracia no puede reducirse a esto. Los Parlamentos no son solo campos de batalla, sino también lugares en los que se confrontan visiones

---

87. Este análisis del método democrático y del parlamentarismo ha arraigado en la doctrina, en la canónica, en la pastoral. Por ejemplo, en el Documento preparatorio de la XVI Asamblea general ordinaria del Sínodo de los obispos, 7 de septiembre de 2021, en el n. 14 puede leerse: «La consulta al Pueblo de Dios no implica que se asuman dentro de la Iglesia los dinamismos de la democracia radicados en el principio de la mayoría, porque en la base de la participación en cada proceso sinodal está la pasión compartida por la común misión de evangelización y no la representación de intereses en conflicto. En otras palabras, se trata de un proceso eclesial que no puede realizase si no "en el seno de una comunidad jerárquicamente estructurada" (CTI, *La sinodalidad en la vida y en la misión de la Iglesia*, n. 69)».

del mundo, se encuentran soluciones sin precedentes y se desarrolla una consciencia más clara de los derechos y deberes fundamentales, a través del debate e incluso a través del sano conflicto. Si la Iglesia se dotase de nuevos organismos participativos y reformase los existentes en un sentido más «democrático», con una participación más articulada de individuos con distintas titulaciones y con una sabia combinación de votos consultivos y votos deliberativos, en el ámbito de una asamblea o un consejo, podría desarrollarse un estilo auténticamente sinodal. Las personas elegidas o designadas no serían portadoras de un interés parcial, sino que participarían ejerciendo un discernimiento sometido a la escucha del Espíritu, llevando a cabo el *munus* profético que deriva del bautismo. Si en los debates sinodales las diferentes posiciones tuvieran que presentarse de manera persuasiva para obtener un consenso amplio, habría una mayor profundización de las materias y más transparencia en las deliberaciones.

En retrospectiva, algunas dinámicas que se han desarrollado en las democracias modernas tienen sus raíces en la tradición canónica. Por ejemplo, el principio «Quod omnes tangit, ab omnibus tractari (deliberari) debet»[88], un criterio que hoy definiríamos como «democrático»,

---

88. «Lo que atañe a todos, debe ser tratado (o deliberado) por todos»: cf *Regulae iuris* del *Liber Sextus* de Bonifacio VIII, 1298, ya citado en la *Summa* de Bernardo Balbi a finales del siglo XII y del que Honorio III se sirvió en las causas entre obispos y capítulos.

pertenece a la tradición canónica medieval. También el derecho de la vida religiosa, especialmente en institutos de más antigua fundación, nos ofrece el paradigma de un ejercicio del *munus regendi* basado en elecciones libres, con una atribución de poderes y funciones flexible y temporal.

En cambio, las Iglesias particulares mantienen una organización de tipo monárquico. En la actualidad, el ministerio del obispo está configurado según el modelo de un monarca de un pequeño reino, que es el único que detenta el poder legislativo y suele ser la autoridad ordinaria en asuntos judiciales y administrativos. El sínodo diocesano no es vinculante para el obispo, que es el único legislador; el consejo presbiteral y los consejos pastorales no son vinculantes para su gobierno; la colegialidad episcopal es más *afectiva* que *efectiva*: no se convocan concilios particulares y las conferencias episcopales tienen competencias legislativas limitadas, porque el legislador no ha querido menoscabar la autonomía del obispo individual. Cuando en algunas cuestiones la autorreferencialidad de los obispos genera problemas, la solución se centraliza: interviene la Curia romana[89], como si en medio no existiese un tejido conectivo, una red intermedia de comunión de las Iglesias.

---

89. Por ejemplo, en materia de reconocimiento de los institutos religiosos de derecho diocesano, cf DONATA HORAK, «Roma decide. Il vescovo e la riforma del can. 579. Una domanda sulla collegialità», en *Il Regno-Attualità* 6 (2021), pp. 148-150.

Centro/periferia

Hay otra cuestión que debe abordarse en la reforma del derecho eclesiástico: el gobierno de la Iglesia universal debe asumir el papel de garantizar la comunión promoviendo la diversificación disciplinar y la autonomía de las agrupaciones de Iglesias particulares. Se necesitan procedimientos, instituciones, organismos y niveles intermedios de gobierno colegial dotados de autonomía deliberativa y legislativa, porque es impensable pensar que en el siguiente siglo todas las Iglesias de todos los continentes vayan a tener ministerios, oficinas, curias y procedimientos judiciales y administrativos idénticos. La exigencia de uniformidad retrasa las reformas en algunos contextos, mientras que en otros las impone como una forma de dominación cultural. Las desigualdades entre sexos, siempre que se mantenga la justicia, pueden abordarse de diferente manera en los diversos contextos teológicos y antropológicos sin comprometer la comunión sobre los fundamentos de la fe.

Si este paso de la uniformidad a la diferenciación disciplinar no es controlado, la comunión católica corre el riesgo de destruirse; en cambio, si la revisión del derecho universal es capaz de procurar a los niveles sinodales intermedios los instrumentos para la elaboración del derecho de manera generativa y autónoma, entonces la comunión se acrecentará. Es urgente recuperar la praxis de los concilios particulares, fortalecer la autonomía legislativa de las conferencias episcopales y encontrar soluciones nuevas a nivel al menos continental, replanteando la relación con el obispo de Roma, a quien no puede considerarse simplemente como el vértice de una pirámide.

El principio jerárquico es constitutivo porque es de derecho divino, y precisamente debido a esta naturaleza no podemos considerar que lo hemos comprendido plenamente y que lo hemos aplicado[90] ya de manera adecuada a la complejidad de la *communio*. La sociedad eclesial ha sido excesivamente simplificada, como si estuviese constituida exclusivamente por dos categorías de individuos: los clérigos y los no clérigos[91]. En esta simplificación las desigualdades se justifican sobre la base de la exclusividad del poder sacro impuesto a los clérigos[92], como si el pueblo de Dios en su totalidad no fuese titular de una habilitación sacramental para vivir los *tria munera*. Lo más grave es que en este simplificado esquematismo las mujeres desaparecen

---

90. Andrea Grillo – Donata Horak, *Le istituzioni ecclesiali alla prova del genere. Liturgia, sacramenti e diritto, o.c.*, pp. 163-164.

91. El Código ofrece una definición de laicos y laicas únicamente en negativo, como personas que no han recibido el sacramento del orden (can. 207).

92. Esta simplificación y concentración de poder en manos de los clérigos es resultado de la modernidad, que ha hecho que se pierda la riqueza de la gran Tradición: cf Hervé Legrand, *Ispirarsi alla Tradizione. Note storiche e teologiche*, en Hervé Legrand – Michel Camdessus, *Una Chiesa trasformata dal popolo. Alcune proposte alla luce di* Fratelli tutti, Paoline, Milán 2021, pp. 115-153.

por completo: siglos de falta de representación nos han acostumbrado a su ausencia; hoy nos sorprendemos cuando una mujer tiene un papel directivo en la Curia romana o en las diócesis, cuando ocupa una cátedra en una Facultad de Teología y cuando predica ejercicios espirituales. Se trata de presencias que alimentan una nueva imagen, y, por tanto, son importantes a nivel simbólico; pero no debemos olvidar a las ausentes: muchas mujeres encuentran demasiados obstáculos para proseguir sus estudios eclesiásticos y para ser designadas para ocupar cargos para los que tienen competencias, y muchas otras ni siquiera pueden imaginar su papel en la Iglesia porque nunca se han visto representadas en funciones de liderazgo.

En cambio, en una Iglesia completamente ministerial, la diversidad y la especificidad de ministerios, competencias y vocaciones podrían dar lugar a asambleas deliberativas más diversas, donde el derecho a voto podría pertenecer a personas que hasta ahora habían estado excluidas de las deliberaciones. El principio jerárquico debe replantearse en el sentido de una asimetría más compleja entre diferentes y difundidos centros de asignación del poder, según el modelo de un poliedro. Si un sínodo no consigue alcanzar un consenso compartido y, al proceder por mayoría, se divide, puede recurrir a organismos inter-pluri-ministeriales que ofrezcan un punto de vista más profundo; los poderes se controlarían mutuamente y cada organismo daría cuenta de sus decisiones y sus deliberaciones[93]. En la comunión hay diferentes centros de autoridad según las cuestiones a tratar. Una deliberación prevalece sobre otra no porque se haya elegido por mayoría, sino porque es la más evangélica, la más constructiva en la perspectiva de la comunión; si un organismo se fractura entre mayoría y minoría, debe entonces tomar parte un tercer organismo sinodal, ampliando el círculo de consulta hasta llegar a una decisión que no haga sentir a nadie como un perdedor.

En cambio, según una cierta concepción de la justicia aflictiva-retributiva, siempre hay una parte derrotada y otra que gana sin con-vencer.

Justicia/misericordia

En la cultura patriarcal la justicia retributiva está adscrita a la esfera de lo racional y, por tanto, de lo masculino, basada en la moral de los derechos y perteneciente a las relaciones públicas; es la diosa equidistante de los ojos vendados que trata a cada persona sin tener en cuenta las condiciones asimétricas de partida y las injusticias estructurales. A la justicia retributiva se le contrapone la misericordia, o el cuidado, que, por el contrario, pertenece a la esfera de las emociones, de los

---

93. Serena Noceti, «Elaborare decisioni nella Chiesa. Una riflessione ecclesiologica», en Riccardo Battocchio – Livio Tonello (eds.), *Sinodalità. Dimensione della Chiesa, pratiche nella Chiesa,* Edizioni Messaggero-Facoltà Teologica del Triveneto, Padua 2020, pp. 237-254.

sentimientos, es decir, femenina, fundada en la ética del sacrificio y relegada al ámbito de la vida privada; en la educación de las mujeres se exalta la entrega de sí que no tiene en cuenta el justo límite, que se convierte en abnegación total y negación de los propios derechos, en una oblación que sublima la injusticia.

Si se ha derribado esta dicotomía es gracias, en gran parte, al pensamiento feminista, que nos ha enseñado que cuidado y sentimientos deben incluirse en el paradigma de la justicia[94] y que hay que superar el reduccionismo dualista: razón-sentimiento, masculino-femenino, público-privado. Debemos cultivar otro modelo de justicia como es el cuidado, la reparación y la regeneración; una justicia que parta siempre de las necesidades de la víctima, descubra lo que ha quedado sin decirse, haga partícipe y responsabilice a toda la comunidad, que se hace «equidistante» y una los vínculos rotos. En la Biblia, junto a la vida procesual *(mishpat)* hay otra que lleva a un nivel de justicia superior: el contencioso bilateral *(rib)*[95], que tanto tiene en común con los programas de mediación que se están poniendo en práctica hoy día en algunos ordenamientos. Poniendo en contacto a la víctima con el culpable se permite

---

94. Cf ELENA PULCINI, *Tra cura e giustizia. Le passioni come risorsa sociale*, Bollati Boringhieri, Turín 2020, pp. 32-48.

95. Cfr. DONATA HORAK, *Ora i miei occhi ti vedono. Giustizia riparativa: itinerari biblici e mediazione umanistica*, Effata, Cantalupa (Turín) 2023.

que ambas partes se miren a los ojos, asuman responsa-bilidades recíprocas, encuentren nuevas alianzas. Más que reparadora, es una justicia regenerativa, que abre al futuro y hace partícipe a toda la red relacional de las partes, la familia, la comunidad.

¿Qué idea de justicia prevalece en el ordenamiento católico? En el Código de 1983 el derecho penal se concibe como *extrema ratio;* posteriormente, la dolo-rosa toma de conciencia de la realidad de los abusos cometidos –en su mayoría– por parte de hombres or-denados en el ejercicio de su ministerio y con abuso de poderes relacionados con la función que se les ha-bía confiado, hizo que madurase una sensibilidad di-ferente. Si la autoridad renuncia a su tarea de ejercer la justicia frente a quien tiene más poder en nombre de un mal entendido sentido de la misericordia o de un «perdonismo» fácil, precisamente son las personas más pequeñas y marginales de la sociedad las que se quedan sin justicia[96]. La reciente reforma del derecho

---

96. «Muchos han sido los daños que ocasionó en el pasado la falta de comprensión de la relación íntima que existe en la Iglesia entre el ejercicio de la caridad y la actuación de la disciplina sancionatoria, siempre que las circunstancias y la justicia lo requieran. Ese modo de pensar –la experiencia lo enseña– conlleva el riesgo de tempori-zar con comportamientos contrarios a la disciplina, para los cuales el remedio no puede venir únicamente de exhortaciones o sugeren-cias. Esta actitud lleva frecuentemente consigo el riesgo de que, con el transcurso del tiempo, tales modos de vida cristalicen haciendo más difícil la corrección y agravando en muchos casos el escándalo y la confusión entre los fieles. Por eso, por parte de los Pastores y de los Superiores, resulta necesaria la aplicación de las penas. La negligencia del Pastor en el empleo del sistema penal muestra que

penal canónico está, pues, orientada hacia una mayor severidad: obligatoriedad de la causa penal[97], sanciones más duras[98] y nuevos supuestos de delitos contra la vida, la dignidad y la libertad de la persona[99].

---

no está cumpliendo recta y fielmente con su función, tal como hemos señalado claramente en documentos recientes, como las Cartas Apostólicas en forma de "Motu Proprio" *Como una Madre amorosa,* 4 de junio de 2016, y *Vos estis lux mundi,* de 7 de mayo de 2019» (FRANCISCO, Constitución apostólica *Pascite gregem Dei,* con la que se reforma el Libro VI del Código de derecho canónico, 23 de mayo de 2021).

97. CIC can. 1341: «El Ordinario *debe* promover el procedimiento judicial o administrativo para imponer o declarar penas cuando haya visto que ni los medios de la solicitud pastoral, sobre todo la corrección fraterna, ni la amonestación, ni la represión bastan para restablecer la justicia, conseguir la enmienda del reo y reparar el escándalo» (la cursiva es nuestra).

98. El juez debe establecer penas proporcionadas, mientras que antes de la reforma se recomendaba no infligir penas demasiado graves (CIC can. 1349); además, debe tener en cuenta los agravantes, mientras que antes la concurrencia de agravantes para determinar la pena era facultativa (can. 1326 § 1); existe también la obligación de castigar a los delincuentes enajenados mentales o que hayan actuado sin pleno uso de razón, si no puede restablecerse la justicia y repararse el escándalo de otro modo (can. 1345). Podríamos continuar citando distintos ejemplos de cómo se ha hecho más severa y menos discrecional la imposición de la pena; a ello hay que añadir la posibilidad de acumulación material (can. 1346), la interrupción de la prescripción durante el proceso (can. 1362 § 3) y otras normas que parecen tender a una rigidez y severidad contrarias a la concepción del derecho penal canónico como una *extrema ratio.*

99. El nuevo canon 1398 del CIC determina los casos en los que puede concretarse el abuso sexual contra menores o personas con uso imperfecto de razón, distinguiendo el trato penal del agresor según si se trata de un clérigo o no. Se incorpora el abuso de autoridad del clérigo que obliga a alguien a cometer o someterse a actos sexuales (can. 1395 § 3). Los delitos de naturaleza económica se desarrollan de manera particular (can. 1376-1377) y se castigan la negligencia y la falta de pericia en la gestión de los bienes eclesiásticos que perjudiquen a toda la comunidad.

El ordenamiento canónico parece haber virado decididamente en dirección de la justicia aflictivo-retributiva[100]. Pero el derecho de la Iglesia no puede conformarse con este horizonte. Las víctimas no solo exigen penas ejemplares, sino que tienen también otras necesidades: piden poder *expresar* su dolor y dejar de estar escondidas, solicitan que se restablezcan las relaciones interrumpidas con la comunidad eclesial. Los culpables suelen ser producto de un sistema y una educación recibida dentro de la Iglesia que los ha hecho sentirse inmunes o superiores a las leyes; hacer justicia implica mirarnos al interior y comprender el aspecto estructural de los abusos, relacionado con una idea concreta del poder y de las relaciones eclesiales. Nuestra justicia debe superar la de los escribas y fariseos: además de endurecer el derecho penal, deberíamos seguir caminos, dolorosos pero liberadores, de mediación y de justicia restaurativa, como ya están haciendo los ordenamientos estatales[101].

---

100. Cfr. Donata Horak, «Quale giustizia persegue il diritto penale canonico?», en *Credere Oggi* 3 (2024), pp. 85-98.

101. «El derecho penal canónico corre hoy el riesgo de ser superado –precisamente en el terreno propositivo de modalidad sanadora reparadora y resocializadora, que podría resultar ser la más adecuada– por el derecho penal de los Estados, porque estos últimos años se han incorporado, en los ordenamientos jurídicos de numerosos países, nuevos instrumentos de respuesta al delito, de acuerdo con la perspectiva de la justicia restaurativa» (Luciano Eusebi, *La Chiesa e il problema della pena. Sulla risposta al negativo come sfida giuridica e teologica*, Schole, Brescia 2022, p. 225).

Conclusión

Volviendo a la sugerencia sinodal de proceder a una revisión de los códigos: en esta época de la decodificación, deberíamos dirigirnos a la redacción de un corpus que recoja los principios jurídicos que desde siempre han caracterizado al derecho canónico: *aequitas,* economía/dispensa, *epicheia,* subsidiariedad, foro interno, *salus animarum.* En lugar de elaborar nuevos códigos que lo incluyan todo, deberíamos dotarnos de un instrumento ágil, procedimental, que contenga normas de competencia más que de comportamiento, y que proporcione los criterios para la producción autónoma del derecho, al menos a nivel de conferencias episcopales de un mismo continente. El derecho canónico deberá integrar la jurisprudencia entre sus fuentes, recuperar la relación dialéctica con la teología[102] y procurar una justicia concreta (equidad canónica).

La justicia no se alcanzará si no se fomentan las relaciones justas entre sexos; la Iglesia es un pueblo de mujeres y de hombres, y cada uno y cada una participan de los *tria munera Christi* según su propia vocación, que se materializa en funciones, ministerios, poderes y servicios. Salir de la abstracción dualista (carisma/institución, servicio/poder, misericordia/justicia,

---

102. SEVERINO DIANICH, *Riforma della Chiesa e ordinamento canonico*, EDB, Bolonia 2018.

mariano/petrino, femenino/masculino) será liberador para todos, hombres y mujeres, y, sobre todo, hará que la Iglesia sea más fiel al mandato que ha recibido.

PERFILES

Donata Horak (1967)

Licenciada en Derecho, licenciada en Teología y doctora en Derecho Canónico, imparte Derecho Canónico en el Estudio Teológico Alberoni de Piacenza y en la Escuela de Formación Teológica Diocesana, de esta misma ciudad, donde también es profesora de Religión Católica en el instituto Melchiorre Gioia. Ha llevado a cabo actividades de investigación en la Facultad de Derecho de la Universidad de Pavía.

Se ha dedicado a la catequética, la pastoral juvenil, el ecumenismo y el diálogo interreligioso, y participa en programas de justicia restaurativa y educación en mediación humanística con la asociación *Verso Itaca*, que desarrolla su actividad en la prisión de Piacenza.

Actualmente es miembro del consejo de presidencia del Coordinamiento de Teólogas Italianas (www. teologhe.org) y es secretaria del Coordinamiento de las Asociaciones Teológicas Italianas. Colabora con diferentes revistas y es miembro del consejo editorial de la revista *Credere Oggi*. Sus publicaciones más recientes incluyen las monografías *Le istituzioni ecclesiali alla prova del genere. Liturgia, sacramenti e diritto* (2019, con Andrea Grillo) y *Ora i miei occhi ti vedono. Giustizia riparativa: itinerari biblici e mediazione umanistica* (2023).

113

Valentina Rotondi (1987)

Tras graduarse en Cooperación Internacional y Desarrollo en la Universidad de Estudios de Pavía, obtuvo su máster en Economía Política e Instituciones Internacionales y el doctorado de investigación en Economía en la Universidad Católica de Milán. Es profesora en la Escuela universitaria profesional de la Suiza italiana (Supsi) de Lugano e investigadora asociada en el Departamento de Sociología del Nuffield College de la Universidad de Oxford, y es también investigadora asociada en NeuroMI (Milan Center for Neuroscience) de la Universidad Bicocca de Milán.

Ha llevado a cabo estudios de campo y ha vivido en Siria, Etiopía, Palestina y Camboya. En su vida privada se dedica al cuidado de su esposo y sus tres hijos. Es miembro del comité científico del movimiento internacional «The Economy of Francesco», donde coordina, junto con otros compañeros, la Escuela EOF.

Ha publicado ensayos en revistas científicas internacionales, como *PNAS* y *European Economic Review*. En italiano ha publicado, en la editorial Paoline, el libro de economía para jóvenes *Manuale di pubblica felicità* (2022).

Linda Pocher (1980)

Nació en Udine. Es Hija de María Auxiliadora desde 2003, graduada en Filosofía y doctora en Teología Dogmática. Imparte Cristología y Mariología en la Facultad Pontificia de Ciencias de la Educación Auxilium de Roma, donde coordina el itinerario de Ecología integral «Custodios del Jardín». Es socia de la Asociación Teológica Italiana y miembro del Consejo de la Pontificia Academia Mariana Internacional y del Comité Científico del Diploma conjunto en Ecología Integral promovido por la red de Universidades y Facultades Pontificias de Roma.

En 2021 publicó *Dalla terra alla madre. Per una teología del grembo materno*. Para Paoline, en 2023 editó el libro *Immagini di Maria, immagini della donna. Cinema e mariologia in dialogo*, y en 2024 escribió la introducción y un capítulo en *¿«Desmasculinizar» la Iglesia? Debate crítico sobre los principios de H. U. von Balthasar*, en *Mujeres y ministerios en la Iglesia sinodal* y en *Mujeres y hombres: cuestión de culturas*, publicados en la editorial Paulinas.

Índice

Otros títulos de la colección

¿«Desmasculinizar» la Iglesia?

Este libro surge del debate que tuvo lugar durante el proceso sinodal, cuando el papa Francisco invitó a Linda Pocher, teóloga, a hablar sobre el papel de las mujeres en la Iglesia basándose en los principios planteados por Hans Urs von Balthasar.

Mujeres y ministerios en la Iglesia sinodal

Si se quiere dar espacio a las mujeres en la Iglesia no se puede evitar abordar la cuestión de los ministerios, en particular de los ministerios ordenados, a los que solo tienen acceso los bautizados varones. Muchos estudios y debates, sufrimiento y temores, han girado en torno a esta realidad que se ha presentado ante el Consejo cardenalicio del papa Francisco.

Mujeres y hombres: cuestión de culturas

Cuando hablamos de mujeres y de hombres, también en la Iglesia, lo hacemos a partir de un conjunto de conocimientos, comportamientos, costumbres, convencionalismos y lenguajes que nosotros mismos producimos y que nos permiten vivir y experimentar, y que condiciona y modela nuestros pensamientos, nuestros actos, nuestras relaciones. Es decir, a partir de una cultura. Una de muchas.